オールカラー

超入門！ 書いて覚える

韓国語

ドリル

音声
DL版

山崎玲美奈

［著］

ナツメ社

はじめに

　本書は、韓国語を一から始める人のための「超」入門書です。韓国語が全く分からないという方でも、気軽に基本から学ぶことができます。ハングルという文字から基本文法、実用的なフレーズまでを、なぞり書きをしたり、書き込んだりしながら自分のペースで学んでいきましょう。

　第1章ではハングルのしくみや発音などを、次の第2章では基本的な文法などを学びます。そして第3章では、2章で学習した内容を活用したフレーズなどを学習します。そのほかに、学習する上で知っておきたいお役立ちコラムや、ビジュアルつきでイメージとともに覚えられるイラスト単語集もあります。ぜひ活用してください。

　また、ダウンロードサービスの音声はぜひ繰り返し聞いてみてください。慣れてきたらさらに声に出して発音すると、頭で理解したり、手で書いて覚えたりすることをより一層補ってくれます。

　「勉強する」と考えると気が重くなってしまいがちですが、本書では鼻歌交じりに気軽に読み進めていってください。「韓国語ができるようになる」ことは一見難しそうに思うかもしれませんが、「はじめてみる」こと、「わからなくなったら、ちょっと戻ってみればいい」こと、「発音がわからなくなったら音声を聞いてみればいい」ことなどを気負わずつづけていくことで、思いのほか叶ったりもします。せっかく本書を通してお目にかかれた皆さんと、「知るおもしろさ」や「分かるうれしさ」を分かち合えたらうれしいです。

山崎玲美奈

目次

楽しく勉強
しましょう！

第2章　韓国語の文法

あいさつ＆イラスト単語集

本書の使い方

本書は効果的に初級韓国語を学習するため、３つの章から構成されています。

第1章　ハングルの綴りと発音

ハングルの母音・子音の種類や韓国語特有のパッチム、 ハングルの綴りと発音のルール
などを学習します。ハングルをなぞって、読み書きができるようになりましょう。

❶ 解説

ハングルの綴りと
発音について、
ポイントを絞って
解説しています。

❷ ここがポイント！

押さえておきたい
ポイントを解説
しています。

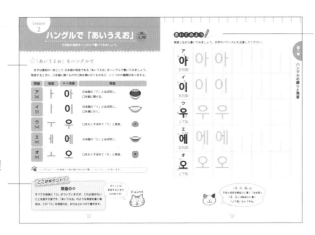

❸ 書いてみよう

手本にならって、
ハングルや単語を、
なぞり書き→清書
の順で書いて
みましょう。
音声を聞いて答える
問題もあります。

第2章　韓国語の文法

肯定文や否定文、過去形など最も基礎的な韓国語の文法を学習します。
基本を押さえて、文章を組み立てられるようになりましょう。

❶ 解説

基本文法の構造や
使い方を、例文を
交えて解説して
います。

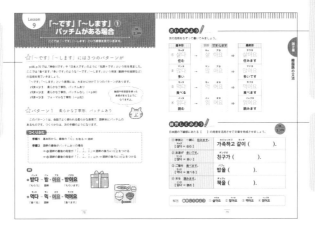

❷ 書いてみよう

左ページで
学習したことを、
実際に書いて
覚えましょう。

❸ 練習してみよう

問題を解いて知識を
定着させましょう。

フレーズを覚えながら、日常会話でよく使う表現を学習します。
2章で学んだ文法の復習もかね、より深く理解し、さまざまな場面で使えるようにしましょう。

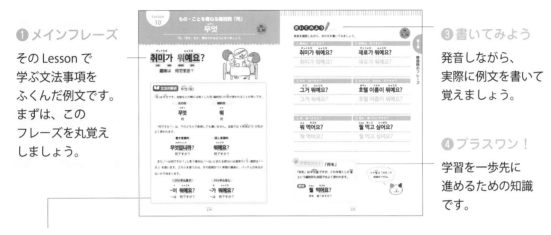

❶ メインフレーズ

その Lesson で
学ぶ文法事項を
ふくんだ例文です。
まずは、この
フレーズを丸覚え
しましょう。

❸ 書いてみよう

発音しながら、
実際に例文を書いて
覚えましょう。

❹ プラスワン！

学習を一歩先に
進めるための知識
です。

❷ 文法の解説

そのフレーズをつくるのに必要な文法を解説しています。
パッチムの有無で助詞や語尾が変わるものには特に気をつけましょう。

ギモンを解決！

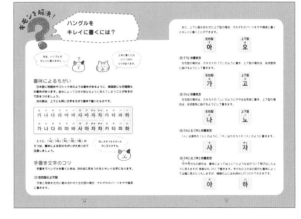

１つのテーマをとりあげて、より深く韓国
語を学習するためのコーナーです。「ハング
ルをキレイに書くには？」や「합니다体と
해요体はどうちがうの？」など素朴な疑問
に答えます。

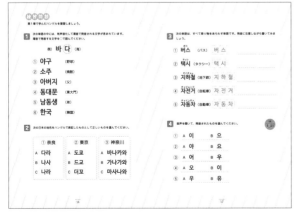

練習問題

各章で学習したことを復習するための問題
です。音声を聞いて答える問題も収録され
ています。各章のまとめとして問題を解き、
しっかり知識を定着させましょう。

備考

❖ 発音について

　本書は初学者にも学習しやすいように、韓国語にカタカナでよみがなをふっていますが、発音は完全に一致するものではありません。また、[　　] で示しているアルファベットは発音記号ではなく、ローマ字表記ですが、激音や濃音には激音であることを示す [ʰ] や濃音であることを示す [ˀ] の発音記号をつけて表記しています。

❖ 品詞について

　2章、3章の例文は、品詞ごとに色分けをしています。

名詞	用言（動詞・形容詞など）	助詞	疑問詞	語尾	副詞・その他

チョナ　アネヨ

전화 안 해요.

電話　しません。

チュイミガ　ムォエヨ

취미가 뭐예요?

趣味は　何ですか？

DL 0_00

＜音声ダウンロードについて＞

音声ファイルはナツメ社のウェブサイト（https://www.natsume.co.jp）の「音声DL版 オールカラー 超入門！書いて覚える韓国語ドリル」のページよりダウンロードできます。ファイルを開く際には、以下のパスワードをご入力ください。

パスワード：V8zpUnxu

ダウンロードした音声は、パソコンやスマホのMP3対応のオーディオプレーヤーで再生できます。

※ダウンロードした音声データは本書の学習用途のみにご利用いただけます。データそのものを無断で複製、改変、頒布（インターネット等を通じた提供を含む）、販売、貸与、商用利用はできません。

※ダウンロードした音声データの使用により発生したいかなる損害についても、著者及び株式会社ナツメ社、ナツメ出版企画株式会社は一切の責任を負いかねますのでご了承ください。

第1章

ハングルの綴りと発音

韓国語の文字である

ハングルの綴りと発音を学習します。

文字の形と発音のルールを覚えて

読み書きできるようになりましょう。

ハングルのしくみ

ハングルのつくりと文字のパターンを覚えましょう。

☆ ハングルの文字のつくり

ハングルは子音を表す字母と、母音を表す字母が組み合わさって1文字となります。
そのため、ハングルを読むためには子音と母音を覚えて、それを組み合わせて読みます。

> ハングルのしくみは
> ローマ字と一緒ですね。

　すでに組み合わさって文字となったハングルが並んでいるのを見ると、記号のようで目がチカチカしたりするかもしれませんが、このように子音と母音の音を組み合わせて読むということさえ見切ってしまえば、読むこと自体はさほど難しくはないのです。
　この組み合わせ方には、次のような2つのパターンがあります。

❶ 　子音　＋　母音　（パーツが2つ）
❷ 　子音　＋　母音　＋　子音　（パーツが3つ）

☆ ①子音＋母音のパターン

　❶の2つのパーツを組み合わせるパターンでは母音が子音の右に来る左右の組み合わせと、母音が子音の下に来る上下の組み合わせがあります。

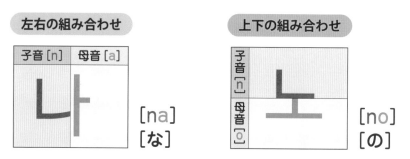

☆②子音＋母音＋子音のパターン

 ❷の３つのパーツを組み合わせるパターンでは、最後の子音は「子音＋母音」の組み合わせの下に来ます。この最後の子音のことを「終声」と言います。また、この終声の位置に書かれる子音字母のことを「パッチム」と言います。パッチムについては、p.36 と p.38 で詳しく説明します。ここでは文字の組み合わせのパターンとして押さえておきましょう。

　また、パッチムが２つある場合もあります（→ p.38）。この場合は４つのパーツから文字ができていることになります。

> パッチムが２つある場合、原則としてどちらか１つのみを発音します（→ p.38）。ここでは ［　　］ の発音を示したローマ字の中の斜線は、その子音を発音しないことを示しています。

ここがポイント！

ハングル

　「ハングル」は、「ひらがな」「カタカナ」のような文字の名前です。そのため「ハングル語」や「ハングルが話せるようになる」というのは「ひらがな語」や「カタカナを話せるようになる」と言っているのと同じことになってしまい、おかしな表現になってしまいます。その一方で「ハングルが書ける」「ハングルが読めるようになる」というのは問題ありません。あくまでも「ハングル」は読んだり書いたりする文字の名称だと覚えておいてください。

ハングルで「あいうえお」

日本語の母音をハングルで書いてみましょう。

☆「あいうえお」をハングルで

まずは最初の一歩として、日本語の母音である「あいうえお」をハングルで書いてみましょう。
発音するときに、口を縦に開くものや口角を横に引くものなど、いくつかの種類がありますよ。

発音	母音	○＋母音	発音
ア [a]	ㅏ	아	日本語の「ア」とほぼ同じ。 口を縦に開ける。
イ [i]	ㅣ	이	日本語の「イ」とほぼ同じ。 口を横に引く。
ウ [u]	ㅜ	우	口を丸くすぼめて「ウ」と発音。
エ [e]	ㅔ	에	日本語の「エ」とほぼ同じ。
オ [o]	ㅗ	오	口を丸くすぼめて「オ」と発音。

 ハングルは「いつも母音と子音の組み合わせで書く」というルールがあります。

ここがポイント！

無音の○

すべての母音に「○」がついていますが、これは音がない
ことを表す子音です。「あいうえお」のような母音を書く場
合は、この「○」を母音の左、または上につけて書きます。

ポイントは
発音するときの
口の形です。

Point

書いてみよう

発音しながら書いてみましょう。文字のバランスにも注意してください。

ア ①②③ 아 左右型	아	아			
イ ①② 이 左右型	이	이			
ウ ①②③ 우 上下型	우	우			
エ ①②③④ 에 左右型	에	에			
オ ①②③ 오 上下型	오	오			

「아、이、에」は
子音と母音を横並びに書く「左右型」。
「우、오」は縦並びに書く
「上下型」なんですね。

Lesson 3

ハングルで「あかさたな」

DL 1_03

「あかさたな」をハングルで書いてみましょう。

☆「あかさたな」をハングルで

　ハングルのしくみで見たように、ハングルはローマ字のように子音と母音を組み合わせて読みます。「あかさたな」に必要な子音（カ行であれば「ㄱ」[k]、サ行であれば「ㅅ」[s]）と、母音（「ㅏ」[a]）を組み合わせると次のようになります。

発音	子音	子音＋母音ㅏ	発音
ア [a]	ㅇ	아	日本語の「ア」とほぼ同じ。口を縦に開ける。
カ [ka]	ㄱ	가	日本語の「カ」とほぼ同じ。
サ [sa]	ㅅ	사	日本語の「サ」とほぼ同じ。
タ [ta]	ㄷ	다	日本語の「タ」とほぼ同じ。
ナ [na]	ㄴ	나	日本語の「ナ」とほぼ同じ。
ハ [ha]	ㅎ	하	日本語の「ハ」とほぼ同じ。
マ [ma]	ㅁ	마	日本語の「マ」とほぼ同じ。
ラ [ra]	ㄹ	라	日本語の「ラ」とほぼ同じ。

　残りの「ヤ・ワ」については後ほど解説します（→ p.18, p.32）。

　ここで紹介する発音は日本語と似ているので簡単です。

発音しながら書いてみましょう。文字のバランスにも注意してください。

ア **아** 無音＋[a]	아	아			
カ **가** [k]＋[a]	가	가			
サ **사** [s]＋[a]	사	사			
タ **다** [t]＋[a]	다	다			
ナ **나** [n]＋[a]	나	나			
ハ **하** [h]＋[a]	하	하			
マ **마** [m]＋[a]	마	마			
ラ **라** [r]＋[a]	라	라			

母音① 単母音

DL
1_04

最も基本的な８つの母音から学習しましょう。

☆ 単母音

　母音とは、簡単に言ってしまうと日本語でいう「あいうえお」のことです。まずは、一番基本的な８つの母音を日本語の「あいうえお」と比べながら見ていきましょう。

　文字の組み合わせ方としては、①左右に並べるものと②上下に並べるものの２つのパターンがあります。

発音	母音	○＋母音	発音
ア [a]	ㅏ	아	日本語の「ア」とほぼ同じ。口を縦に開ける。
オ [o]	ㅓ	어	日本語の「ア」の口の形で「オ」と言う。口を縦に開ける。
オ [o]	ㅗ	오	口を丸くすぼめて「オ」と発音。
ウ [u]	ㅜ	우	口を丸くすぼめて「ウ」と発音。
ウ [u]	ㅡ	으	口を横に引いて「ウ」と発音。
イ [i]	ㅣ	이	日本語の「イ」とほぼ同じ。口を横に引く。
エ [e]	ㅔ	에	日本語の「エ」とほぼ同じ。
エ [e]	ㅐ	애	日本語の「エ」よりも口をやや開いて発音。

에と애の発音上の区別はなくなりつつあるので、両方とも日本語の「エ」と同じように発音して構いません。ただし、書くときは区別します。

発音しながら書いてみましょう。文字のバランスにも注意してください。

ア **아** 左右型	아	아			
オ **어** 左右型	어	어			
オ **오** 上下型	오	오			
ウ **우** 上下型	우	우			
ウ **으** 上下型	으	으			
イ **이** 左右型	이	이			
エ **에** 左右型	에	에			
エ **애** 左右型	애	애			

母音② 単母音＋半母音

DL
1_05

日本語のヤ行にあたる母音を覚えましょう。

☆ ヤ行にあたる母音

母音①の単母音「아 어 오 우 에 애」にそれぞれ一画ずつ加えると、「ヤ」「ユ」「ヨ」のような［y］の音がプラスされた音になります。

発音	母音	ㅇ＋母音	発音	
ヤ [ya]	ㅑ	야	口を縦に開けて「ヤ」と発音。	
ヨ [yo]	ㅕ	여	口を縦に開けて「ヨ」と発音。	
ヨ [yo]	ㅛ	요	口を丸くすぼめて「ヨ」と発音。	
ユ [yu]	ㅠ	유	口を丸くすぼめて「ユ」と発音。	
イェ [ye]	ㅖ	예	「イェ」と発音。	
イェ [ye]	ㅒ	얘	「イェ」と発音。	

예と얘は両方とも「イェ」と発音して構いません。ただし、書くときは区別します。

発音しながら書いてみましょう。文字のバランスにも注意してください。

ヤ **야** 左右型	야	야				
ヨ **여** 左右型	여	여				
ヨ **요** 上下型	요	요				
ユ **유** 上下型	유	유				
イェ **예** 左右型	예	예				
イェ **애** 左右型	애	애				

韓国語では「ヤ行」は
母音扱いなんですね。

子音① 鼻音・流音

ここでは３つの子音を見ていきましょう。

☆ 子音の種類

　ハングルの子音字母は 19 個あります。まずは、音節の最初にくる初声から見てみたいと思います。子音は発音の仕方によって、鼻音（びおん）（m, n, ng の音）、流音（りゅうおん）（r/l の音）、平音（へいおん）（→ p.22）、激音（げきおん）（→ p.26）、濃音（のうおん）（→ p.28）に分かれます。ここでは、鼻音と流音から見ていきましょう。

> 鼻音…子音のうち、鼻に息を抜いて出す音。ㅁㄴㅇ の３つがある
>
> 流音…子音のㄹ。初声の位置では [r]、終声の位置では [l] と発音
>
> 平音…韓国語の子音の系列の１つ。ㄱㄷㅂㅅ の５つがある
>
> 激音…子音のうち、息を吐きながら発音する音。ㅋㅌㅍㅊㅎ の５つがある
>
> 濃音…子音のうち、息がもれないようにのどを絞めて発音する音。ㄲㄸㅃㅉㅆ の５つがある

☆「マ行」「ナ行」「ラ行」の子音

　まずは日本語の「マ行」、「ナ行」、「ラ行」の子音にあたるㅁ [m]、ㄴ [n]、ㄹ [r] の３つの子音を覚えましょう。

発音	子音	子音+母音ト	発音	例
[m]	ㅁ	마 マ	日本語の「マ行」とほぼ同じ。	어머니 オモニ 母
[n]	ㄴ	나 ナ	日本語の「ナ行」とほぼ同じ。	나라 ナラ 国
[r]	ㄹ	라 ラ	日本語の「ラ行」とほぼ同じ。	우리 ウリ 私たち

練習1　次のハングルをなぞりながら書いてみましょう。

母音 子音	ㅏ [a]	ㅓ [o]	ㅗ [o]	ㅜ [u]	ㅡ [u]	ㅣ [i]
ㅁ [m]	マ 마	モ 머	モ 모	ム 무	ム 므	ミ 미
ㄴ [n]	ナ 나	ノ 너	ノ 노	ヌ 누	ヌ 느	ニ 니
ㄹ [r]	ラ 라	ロ 러	ロ 로	ル 루	ル 르	リ 리

DL
1_06

練習2　発音を確認しながら、次の単語を書いてみましょう。

① 母	オモニ **어머니**	어머니	
② 料理	ヨリ **요리**	요리	
③ 国	ナラ **나라**	나라	
④ 私たち	ウリ **우리**	우리	
⑤ 頭	モリ **머리**	머리	

21

子音② 平音

DL
1_07

平音には５つの子音があります。

☆「カ行」「タ・テ・ト」「パ行」「チャ行」「サ行」の子音

　続いて、平音と呼ばれる５つの子音を見ていきましょう。この５つは、この後に出てくる激音（→ p.26）や濃音（→ p.28）、有声音化（→ p.40）とも関わってきます。

発音	子音	子音＋母音ㅏ	発音	例
[k]	ㄱ	가 カ	日本語の「カ行」とほぼ同じ。	カグ 가구 家具
[t]	ㄷ	다 タ	日本語の「タ・テ・ト」とほぼ同じ。	トゥシダ 드시다 召し上がる
[p]	ㅂ	바 パ	日本語の「パ行」とほぼ同じ。	パダ 바다 海
[ch]	ㅈ	자 チャ	日本語の「チャ行」とほぼ同じ。	チャジュ 자주 しょっちゅう
[s]	ㅅ	사 サ	日本語の「サ行」とほぼ同じ。	シゲ 시계 時計

ㄷ [t] の子音について、母音と組み合わさったときの디は「ティ」（×チ）、두と드は「トゥ」（×ツ）という発音になります。

子音の形　子音の字母は、発音器官などをかたどってつくられています。

ㅁ [m] は口をかたどった形。

ㄴ [n] と発音する際、舌先が上の歯茎の後ろにつく形。

ㄱ [k] と発音する際、舌の奥が引っこみのどを閉める形。

次のハングルをなぞりながら書いてみましょう。

母音／子音	ト[a]	┤[o]	⊥[o]	┬[u]	─[u]	┃[i]
ㄱ[k]	カ 가	コ 거	コ 고	ク 구	ク 그	キ 기
ㄷ[t]	タ 다	ト 더	ト 도	トゥ 두	トゥ 드	ティ 디
ㅂ[p]	パ 바	ポ 버	ポ 보	プ 부	プ 브	ピ 비
ㅈ[ch]	チャ 자	チョ 저	チョ 조	チュ 주	チュ 즈	チ 지
ㅅ[s]	サ 사	ソ 서	ソ 소	ス 수	ス 스	シ 시

次の単語の発音を選んでください。

DL 1_07

① 歌手	가수	A タス	B カス	C キス
② 橋	다리	A ラリ	B ムリ	C タリ
③ バス	버스	A パス	B バス	C ポス
④ ドラマ	드라마	A トゥラマ	B ティラマ	C ツラマ
⑤ 資料	자료	A サリョ	B カリョ	C チャリョ

あわてず、ゆっくり
文字と発音を
一致させましょう。

解答 **練習してみよう** ① B ② C ③ C ④ A ⑤ C

子音と母音の組み合わせ

これまでに見てきた母音と子音をまとめましょう。

☆ 反切表

基本の母音と子音を組み合わせた文字の表をつくってみましょう。

母音 / 子音	ㅏ [a]	ㅑ [ya]	ㅓ [o]	ㅕ [yo]	ㅗ [o]	ㅛ [yo]	ㅜ [u]	ㅠ [yu]	ㅡ [u]	ㅣ [i]
ㄱ [k/g]	カ・ガ 가	キャ・ギャ 갸	コ・ゴ 거	キョ・ギョ 겨	コ・ゴ 고	キョ・ギョ 교	ク・グ 구	キュ・ギュ 규	ク・グ 그	キ・ギ 기
ㄴ [n]	ナ 나	ニャ 냐	ノ 너	ニョ 녀	ノ 노	ニョ 뇨	ヌ 누	ニュ 뉴	ヌ 느	ニ 니
ㄷ [t/d]	タ・ダ 다	テャ・デャ 댜	ト・ド 더	テョ・デョ 뎌	ト・ド 도	テョ・デョ 됴	トゥ・ドゥ 두	テュ・デュ 듀	トゥ・ドゥ 드	ティ・ディ 디
ㄹ [r]	ラ 라	リャ 랴	ロ 러	リョ 려	ロ 로	リョ 료	ル 루	リュ 류	ル 르	リ 리
ㅁ [m]	マ 마	ミャ 먀	モ 머	ミョ 며	モ 모	ミョ 묘	ム 무	ミュ 뮤	ム 므	ミ 미
ㅂ [p/b]	パ・バ 바	ピャ・ビャ 뱌	ポ・ボ 버	ピョ・ビョ 벼	ポ・ボ 보	ピョ・ビョ 뵤	プ・ブ 부	ピュ・ビュ 뷰	プ・ブ 브	ピ・ビ 비
ㅅ [s]	サ 사	シャ 샤	ソ 서	ショ 셔	ソ 소	ショ 쇼	ス 수	シュ 슈	ス 스	シ 시
ㅇ 無音	ア 아	ヤ 야	オ 어	ヨ 여	オ 오	ヨ 요	ウ 우	ユ 유	ウ 으	イ 이
ㅈ [ch/j]	チャ・ジャ 자	チャ・ジャ 쟈	チョ・ジョ 저	チョ・ジョ 져	チョ・ジョ 조	チョ・ジョ 죠	チュ・ジュ 주	チュ・ジュ 쥬	チュ・ジュ 즈	チ・ジ 지

 「ㄱㄷㅂㅈ」は語中・語末で濁音になります（有声音化→ p.40）。

練習1　発音を確認しながら、次の単語を書いてみましょう。

① 理由	イ ユ 이유	이유			
② ここ	ヨ ギ 여기	여기			
③ 歌詞	カ サ 가사	가사			
④ 頭	モ リ 머리	머리			
⑤ 主婦	チュブ 주부	주부			

練習2　次の欄には母音だけが書かれています。音声を聞いて子音の部分を書き込み、文字を完成させてください。そしてその右の空欄に、その文字を発音しながら書いてみましょう。

① ㅣ		② ㅗ	
③ ㅑ		④ ㅜ	
⑤ ㅏ			

解答　練習2　①비（ビ）　②도（ト）　③야（ヤ）　④누（ヌ）　⑤다（タ）

子音③　激音

DL
1_09

息を吐きながら発音します。

☆ 息を吐きながら発音する激音

　ここで見ていく激音（げきおん）は5つあり、息を吐きながら発音するという特徴を持っています。激音の子音は、すでに見た子音「ㄱㄷㅂㅈ」などに点や線などを足した形をしています。

発音	子音	子音＋母音ㅏ	発音	例
[kʰ]	ㅋ	카　カ	日本語の「カ行」とほぼ同じ。 息を吐きながら発音。	コピ 커피 コーヒー
[tʰ]	ㅌ	타　タ	日本語の「タ・テ・ト」とほぼ同じ。 息を吐きながら発音。	ノトゥ 노트 ノート
[pʰ]	ㅍ	파　パ	日本語の「パ行」とほぼ同じ。 息を吐きながら発音。	パティ 파티 パーティー
[chʰ]	ㅊ	차　チャ	日本語の「チャ行」とほぼ同じ。 息を吐きながら発音。	チマ 치마 スカート
[h]	ㅎ	하　ハ	日本語の「ハ行」とほぼ同じ。	チハ 지하 地下

 子音の「ㄱㄷㅂㅈ」は語中・語末で濁音になる「有声音化」（→ p.40）を起こしますが、この激音「ㅋㅌㅍㅊ」は濁音にはなりません。

激音の発音のコツ

　激音の発音は、窓ガラスを息で曇らせるために「ハーッ」と息を吹きかけるときの要領でやってみると発音の仕方がわかりやすくなります。「カーッ」（카）や「ターッ」（타）の音で窓を曇らせるつもりで発音してみてください。音の長さは、短めに発音して構いません。

練習1 次のハングルをなぞりながら書いてみましょう。

母音 子音	ㅏ [a]	ㅓ [o]	ㅗ [o]	ㅜ [u]	ㅡ [u]	ㅣ [i]
ㅋ [kʰ]	カ 카	コ 커	コ 코	ク 쿠	ク 크	キ 키
ㅌ [tʰ]	タ 타	ト 터	ト 토	トゥ 투	トゥ 트	ティ 티
ㅍ [pʰ]	パ 파	ポ 퍼	ポ 포	プ 푸	プ 프	ピ 피
ㅊ [chʰ]	チャ 차	チョ 처	チョ 초	チュ 추	チュ 츠	チ 치
ㅎ [h]	ハ 하	ホ 허	ホ 호	フ 후	フ 흐	ヒ 히

DL
1_09

練習2 音声を聞き、発音を比べながら書いてみましょう。

平音	가 [ka]	다 [ta]	바 [pa]	자 [cha]	아 [a]
激音	카 [kʰa]	타 [tʰa]	파 [pʰa]	차 [chʰa]	하 [ha]

 発音記号の［ʰ］は激音を表します。

27

子音④　濃音

息がもれないよう、のどを締めて発音します。

☆ 息がもれないように発音する濃音

　ここで見ていく濃音（のうおん）は5つあり、息がもれないよう、のどを締めてから発音するという特徴を持っています。「ハトポッポ」の「ッポ」の部分のように頭に「ッ」をつけた発音です。濃音の子音は、すでに見た平音の字母を横に2つ並べた形をしています。

発音	子音	子音＋母音ト	発音	例
[ˀk]	ㄲ	까 ッカ	「ッカ」、「ッコ」のように、最初に「ッ」をつけて、息を一度止めてから発音。	アッカ 아까 さっき
[ˀt]	ㄸ	따 ッタ	「ッタ」、「ット」のように、最初に「ッ」をつけて、息を一度止めてから発音。	ット 또 また
[ˀp]	ㅃ	빠 ッパ	「ッパ」、「ッポ」のように、最初に「ッ」をつけて、息を一度止めてから発音。	オッパ 오빠 (年下の女性から見た) お兄さん
[ˀch]	ㅉ	짜 ッチャ	「ッチャ」、「ッチョ」のように、最初に「ッ」をつけて、息を一度止めてから発音。	ッチゲ 찌개 チゲ、鍋物
[ˀs]	ㅆ	싸 ッサ	「ッサ」、「ッソ」のように、最初に「ッ」をつけて、息を一度止めてから発音。	ッシ 씨 〜さん

 子音の「ㄱㄷㅂㅈ」は語中・語末で濁音になる「有声音化」（→ p.40）を起こしますが、この濃音「ㄲㄸㅃㅉㅆ」は激音と同じく濁音にはなりません。

濃音の発音のコツ

　濃音の発音は、難しく考えずにまずは次のいくつかの方法を試して、習得しやすい方法を探してみましょう。

❶ 音声を聞いて、発音を「ものまね」する。完全コピーを目指す。
❷ 息をしっかり止めてから発音する。
❸「っぱっぱっぱっ！」（ㅃ ㅃ ㅃ）を切れよく発音する。
　2文字目からが濃音の発音になっているはず。
❹ 濃音から始まる単語は、音程を少し甲高くして発音する。

練習1 次のハングルをなぞりながら書いてみましょう。

母音 / 子音	ト [a]	ㅓ [o]	ㅗ [o]	ㅜ [u]	ㅡ [u]	ㅣ [i]
ㄲ ['k]	ッカ 까	ッコ 꺼	ッコ 꼬	ック 꾸	ック 끄	ッキ 끼
ㄸ ['t]	ッタ 따	ット 떠	ット 또	ットゥ 뚜	ットゥ 뜨	ッティ 띠
ㅃ ['p]	ッパ 빠	ッポ 뻐	ッポ 뽀	ップ 뿌	ップ 쁘	ッピ 삐
ㅉ ['ch]	ッチャ 짜	ッチョ 쩌	ッチョ 쪼	ッチュ 쭈	ッチュ 쯔	ッチ 찌
ㅆ ['s]	ッサ 싸	ッソ 써	ッソ 쏘	ッス 쑤	ッス 쓰	ッシ 씨

DL 1_10

練習2 音声を聞き、発音を比べながら書いてみましょう。

平音	가 [ka]	다 [ta]	바 [pa]	자 [cha]	사 [sa]
濃音	까 ['ka]	따 ['ta]	빠 ['pa]	짜 ['cha]	싸 ['sa]

 発音記号の［ˀ］は濃音を表します。

29

激音・濃音と母音の組み合わせ

これまでに見てきた激音・濃音をまとめましょう。

☆ 反切表

基本の母音と激音・濃音を組み合わせた文字の表をつくってみましょう。

激音

母音 / 子音	ㅏ [a]	ㅑ [ya]	ㅓ [o]	ㅕ [yo]	ㅗ [o]	ㅛ [yo]	ㅜ [u]	ㅠ [yu]	ㅡ [u]	ㅣ [i]
ㅋ [kʰ]	カ 카	キャ 캬	コ 커	キョ 켜	コ 코	キョ 쿄	ク 쿠	キュ 큐	ク 크	キ 키
ㅌ [tʰ]	タ 타	テャ 탸	ト 터	テョ 텨	ト 토	テョ 툐	トゥ 투	テュ 튜	トゥ 트	ティ 티
ㅍ [pʰ]	パ 파	ピャ 퍄	ポ 퍼	ピョ 펴	ポ 포	ピョ 표	プ 푸	ピュ 퓨	プ 프	ピ 피
ㅊ [chʰ]	チャ 차	チャ 챠	チョ 처	チョ 쳐	チョ 초	チョ 쵸	チュ 추	チュ 츄	チュ 츠	チ 치
ㅎ [h]	ハ 하	ヒャ 햐	ホ 허	ヒョ 혀	ホ 호	ヒョ 효	フ 후	ヒュ 휴	フ 흐	ヒ 히

濃音

母音 / 子音	ㅏ [a]	ㅑ [ya]	ㅓ [o]	ㅕ [yo]	ㅗ [o]	ㅛ [yo]	ㅜ [u]	ㅠ [yu]	ㅡ [u]	ㅣ [i]
ㄲ [ʔk]	ッカ 까	ッキャ 꺄	ッコ 꺼	ッキョ 껴	ッコ 꼬	ッキョ 꾜	ック 꾸	ッキュ 뀨	ック 끄	ッキ 끼
ㄸ [ʔt]	ッタ 따	ッテャ 땨	ット 떠	ッテョ 뗘	ット 또	ッテョ 뚀	ットゥ 뚜	ッテュ 뜌	ットゥ 뜨	ッティ 띠
ㅃ [ʔp]	ッパ 빠	ッピャ 뺘	ッポ 뻐	ッピョ 뼈	ッポ 뽀	ッピョ 뾰	ップ 뿌	ッピュ 쀼	ップ 쁘	ッピ 삐
ㅉ [ʔch]	ッチャ 짜	ッチャ 쨔	ッチョ 쩌	ッチョ 쪄	ッチョ 쪼	ッチョ 쬬	ッチュ 쭈	ッチュ 쮸	ッチュ 쯔	ッチ 찌
ㅆ [ʔs]	ッサ 싸	ッシャ 쌰	ッソ 써	ッショ 쎠	ッソ 쏘	ッショ 쑈	ッス 쑤	ッシュ 쓔	ッス 쓰	ッシ 씨

練習1　発音を確認しながら、次の激音を使った単語を書いてみましょう。

DL
1_11

① コーヒー	**커피** コ ピ	커피		
② スカート	**치마** チ マ	치마		
③ ひとつ	**하나** ハ ナ	하나		
④ 乗る	**타다** タ ダ	타다		
⑤ パーティー	**파티** パ ティ	파티		

DL
1_11

練習2　発音を確認しながら、次の濃音を使った単語を書いてみましょう。

（年下の女性から見た） ① お兄さん	**오빠** オッパ	오 빠		
② さっき	**아까** アッカ	아까		
③ また	**또** ット	또		
④ チゲ、鍋物	**찌개** ッチゲ	찌개		
（値段が） ⑤ 高い	**비싸다** ピッサダ	비싸다		

母音③　合成母音

DL
1_12

ハングルには2つの母音が合わさった合成母音があります。

☆ 合成母音

ここでは、「ワ」「ウォ」「ウェ」のような音を表す母音を見ていきます。これらの音には、母音の「ㅗ」または「ㅜ」に他の母音を付け加えて表すものなどがあります。

	発音	合成母音	ㅇ＋合成母音	発音	例
ㅗ＋他の母音	ワ [wa]	ㅘ	와	口を丸くすぼめてから「ワ」と発音。 （ㅗ「オ」＋ㅏ「ア」が合わさって「ワ」）	ワヨ 와요 来ます
ㅗ＋他の母音	ウェ [we]	ㅙ	왜	口を丸くすぼめてから「ウェ」と発音。 （ㅗとㅐを合わせても「ウェ」という音にはならないので、これは例外的に覚える必要あり）	ウェヨ 왜요? なぜですか?
ㅗ＋他の母音	ウェ [we]	ㅚ	외	口を丸くすぼめてから「ウェ」と発音。 （ㅗとㅣを合わせても「ウェ」という音にはならないので、これは例外的に覚える必要あり）	ウェウォヨ 외워요 覚えます
ㅜ＋他の母音	ウォ [wo]	ㅝ	워	口を丸くすぼめてから「ウォ」と発音。 （ㅜ「ウ」＋ㅓ「オ」が合わさって「ウォ」）	シャウォ 샤워 シャワー
ㅜ＋他の母音	ウェ [we]	ㅞ	웨	口を丸くすぼめてから「ウェ」と発音。 （ㅜ「ウ」＋ㅔ「エ」が合わさって「ウェ」）	ウェイブ 웨이브 ウェーブ
ㅜ＋他の母音	ウィ [wi]	ㅟ	위	口を丸くすぼめてから「ウィ」と発音。 （ㅜ「ウ」＋ㅣ「イ」が合わさって「ウィ」）	ウィエ 위에 上に
二重母音	ウイ [wi]	ㅢ	의	口を横に引いたまま「ウイ」と発音。	ウイミ 의미 意味

「ㅙ」「ㅚ」「ㅞ」はすべて「ウェ」と発音して構いません。この内の「ㅙ」と「ㅚ」は例外的に、組み合わせた母音のそれぞれの音から発音を推測することができません。この2つだけは丸覚えしてしまいましょう。

書いてみよう

発音しながら書いてみましょう。文字のバランスにも注意してください。

ワ 와	와	와			
ウェ 왜	왜	왜			
ウェ 외	외	외			
ウォ 워	워	워			
ウェ 웨	웨	웨			
ウィ 위	위	위			
ウイ 의	의	의			

33

子音と合成母音の組み合わせ

これまでに見てきた母音と子音をまとめましょう。

☆母音

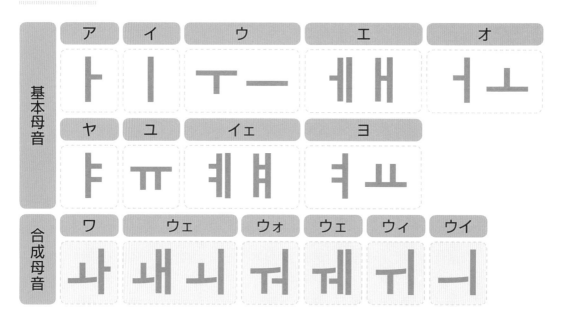

	ア	イ	ウ		エ		オ	
基本母音	ㅏ	ㅣ	ㅜ	ㅡ	ㅔ	ㅐ	ㅓ	ㅗ
	ヤ	ユ	イェ		ヨ			
	ㅑ	ㅠ	ㅖ	ㅒ	ㅕ	ㅛ		

	ワ	ウェ	ウォ	ウェ	ウィ	ウイ
合成母音	ㅘ	ㅙ	ㅚ	ㅝ	ㅞ	ㅟ	ㅢ

☆子音

	ナ行	マ行	ラ行	パ・バ行	タ・テ・ト ダ・デ・ド	カ・ガ行	チャ・ジャ行	サ行	―
基本子音	ㄴ	ㅁ	ㄹ	ㅂ	ㄷ	ㄱ	ㅈ	ㅅ	ㅇ
激音				ㅍ	ㅌ	ㅋ	ㅊ		ㅎ
濃音				ㅃ	ㄸ	ㄲ	ㅉ	ㅆ	

「ㄱㄷㅂㅈ」は語中・語末で濁音になります（有声音化→ p.40）。

発音を確認しながら、次の単語を書いてみましょう。

DL
1_13

① なぜですか?	**왜요?** ウェヨ	왜요?		
② 外国	**외국** ウェグク	외국		
③ 上	**위** ウィ	위		
④ 医者	**의사** ウイサ	의사		
⑤ リンゴ	**사과** サグヮ	사과		

DL
1_13

次の単語の発音を選んでください。

① 豚	**돼지**	A トェジ	B トィジ	C トォジ
② 来ます	**와요**	A ウォヨ	B ウィヨ	C ワヨ
③ イス	**의자**	A ウイジャ	B ウェジャ	C ウォジャ
④ 趣味	**취미**	A チェミ	B チュィミ	C チュォミ
⑤ なる	**되다**	A トィダ	B トェダ	C トォダ

解答　練習してみよう　①A　②C　③A　④B　⑤B

パッチム①
パッチムについて知ろう

DL
1_14

「子音＋母音」の後に、さらに子音が続く文字があります。

☆ パッチムとは

　p.11 でも少し説明しましたが、「子音＋母音＋子音」という組み合わせパターンの最後の子音を「終声」と言い、この位置に書かれる子音字母を「パッチム」と言います。

김 [kim] 金　　봄 [pom] 春

このパッチムには、16 個の子音字母が使われますが、発音は 7 つしかありません。

発音	同じグループのパッチム	発音
ㅂ [p]	ㅂ ㅍ 発音は全て ㅂ [p]	「あっぱれ」と言うつもりで「あっ」まで言ったときの発音で止める。最後は口が閉じた状態。
ㅁ [m]	ㅁ	「あんまん」と言うつもりで「あん」まで言ったときの「ん」とほぼ同じ。最後は口が閉じた状態。
ㄷ [t]	ㄷ ㅌ ㅅ ㅆ ㅈ ㅊ ㅎ 発音は全て ㄷ [t]	「やった」と言うつもりで「やっ」まで言ったときの発音で止める。
ㄴ [n]	ㄴ	「まんなか」と言うつもりで「まん」まで言ったときの「ん」とほぼ同じ。
ㄹ [l]	ㄹ	「まる」と言うつもりで「る」の途中で止めるよう発音。舌先を上あごにつけて止める感じで発音する。
ㄱ [k]	ㄱ ㅋ ㄲ 発音は全て ㄱ [k]	のどの奥を使う発音。「まっか」というつもりで「まっ」まで言ったときの発音で止める。
ㅇ [ng]	ㅇ	のどの奥を使う発音。「まんが」と言うつもりで「まん」と言ったときの「ん」とほぼ同じ。

🐾 ㅇは初声では音がありませんでしたが、パッチムの位置では [ng] の音になります。

※パッチムだけで発音することはないため、音声ではそれぞれを「압암앋안알악앙」と発音しています。

練習1　発音を確認しながら、次のハングルを書いてみましょう。

DL 1_14

①	ㅂ [p]	압 앞	発音はすべて［압アプ］
②	ㅁ [m]	암	－
③	ㄷ [t]	앋 앝 앗 았 앚 앛 앟	発音はすべて［앋アッ］
④	ㄴ [n]	안	－
⑤	ㄹ [l]	알	－
⑥	ㄱ [k]	악 앜 앆	発音はすべて［악アク］
⑦	ㅇ [ng]	앙	－

練習2　発音を確認しながら、次の単語を書いてみましょう。

DL 1_14

① ごはん	밥 パプ	밥		
② 夜	밤 パム	밤		
③ 受ける	받다 パッタ	받다		
④ 半分	반 パン	반		
⑤ 足	발 パル	발		
⑥ 朴	박 パク	박		
⑦ 部屋	방 パン	방		

パッチム②
2つの字母のパッチム

DL
1_15

パッチムが2つの場合について学びます。

☆ 2つの字母のパッチム

ハングルには次のように、「子音＋母音＋子音」の組み合わせの最後に来るパッチムが2つのものがあります。

어
ᆹ 例 **없다** オプタ
ない・いない

オブ [opɕ]

오
ᆱ 例 **옮기다** オムギダ
移す

オム [oⁿm]

ここで注意したいことがあります。それは、パッチムが2つ書かれても、基本的にはどちらか1つしか発音しないということです。2つの字母で書かれるパッチムにはいくつかの組み合わせがありますが、ここではとりあえずよく使うものだけを見ていきます。

左を読むもの			右を読むもの	
[n]	[l]	[p]	[k]	[m]
ㄴㅈ ㄴㅎ	ㄹㅂ※ ㄹㅎ	ㅂㅅ	ㄹㄱ	ㄹㅁ
アンタ 앉다 座る	ノルタ 넓다 広い	オプタ 없다 ない・いない	イクタ 읽다 読む	チョムタ 젊다 若い
アンタ 않다 ない （否定）	イルタ 잃다 なくす			

※ ㄹㅂは左のㄹを発音する組み合わせですが、밟다 パプタ 「踏む」だけは例外で、右のㅂを発音します。

このように、2つの字母からなるパッチムは、単独あるいは後ろに子音が続く場合にはどちらか1つしか発音されません。右を読む組み合わせは基本的にㄹㄱとㄹㅁだけなので、とりあえずそれ以外はすべて左を読むと覚えてしまいましょう。

なお、2つの字母からなるパッチムの次に母音（ㅇで始まる文字）が続く場合には連音化（→ p.42）がおこり、2つとも発音されることになります。

どちらのパッチムが
発音されるのか音声を聞いて
確認しましょう。

書いてみよう

DL
1_15

発音を確認しながら、次の単語を書いてみましょう。

① 座る	アンタ 앉다	앉다		
② ～ない（否定）	アンタ 않다	않다		
③ 広い	ノルタ 넓다	넓다		
④ なくす	イルタ 잃다	잃다		
⑤ ない・いない	オプタ 없다	없다		
⑥ 読む	イクタ 읽다	읽다		
⑦ 若い	チョムタ 젊다	젊다		
⑧ ニワトリ	タク 닭	닭		
⑨ 8つ	ヨドル 여덟	여덟		
⑩ 値段	カプ 값	값		

発音のルール①
有声音化

DL
1_16

清音が濁音で発音される場合のルールを紹介します。

☆ 有声音化

発音のルールはこの後もいくつか出てきますが、ここで紹介する「有声音化」というルールが一番よく使うといっても過言ではありません。

「有声音化」とは一言で言うと、子音のㄱ、ㄷ、ㅂ、ㅈが語中（2文字目以降）では濁音で発音されるというルールです。

例として、「夫婦」という意味の単語である「부부」を見てみましょう。

Point
韓国語には清音と濁音の表記上の区別がありません。

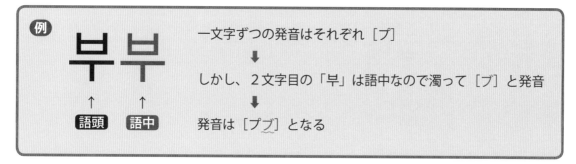

例 부부

↑ 語頭　↑ 語中

一文字ずつの発音はそれぞれ［プ］

↓

しかし、2文字目の「부」は語中なので濁って［ブ］と発音

↓

発音は［プブ］となる

子音はいくつもありますが、語中で濁音になるのはㄱ、ㄷ、ㅂ、ㅈの4つだけです。ほかの子音は濁音にはなりませんので、ご注意を。

覚え方のコツ

この語中では濁音で発音されるㄱ、ㄷ、ㅂ、ㅈにㅏをつけて、「가다바자（カタバチャ）は濁る！」と覚えても問題ありませんが、もし覚えにくい場合には、多少無理がありますが、有声音化は「買ったばっかじゃん！」と覚えてみるのはどうでしょうか？　これですと「かったばっかじゃん！」に「가다바자（カタバチャ）」が入っているので、とりあえず「有声音化は、買ったばっかじゃん！」で覚えてみてください。

練習してみよう

練習1　次の単語は日本の地名をハングルで書いたものです。
有声音化に注意しながら、日本語に直してください。

① 지바		② 나고야	
③ 나가노		④ 가고시마	

練習2　次の単語は日本によくある姓をハングルで書いたものです。
有声音化に注意しながら、日本語に直してください。

① 야마다		② 아베	
③ 마에다		④ 구보	

練習3　次の単語の発音を選んでください。

DL
1_16

① 父	아버지	A アポチ	B アボチ	C アボジ
② 誰	누구	A ヌク	B ヌグ	C ムグ
③ これ	이거	A イゴ	B イノ	C イコ

解答　練習1　① ちば（千葉）　② なごや（名古屋）　③ ながの（長野）
④ かごしま（鹿児島）

練習2　① やまだ（山田）　② あべ（阿部）　③ まえだ（前田）
④ くぼ（久保）

練習3　① C　② B　③ A

第1章　ハングルの綴りと発音

発音のルール②
連音化

パッチムと次の母音がくっついて発音される場合を紹介します。

☆ 連音化

韓国料理のチジミをご存知ですか？　ハングルで書くと지짐이（チジミ）と書きます。지짐이を一文字ずつ読むと「チ」「チム（語中なのでジム）」「イ」ですが、これで「チジミ」と読むのです。つまり、짐（チム）のパッチムロ [m] で口を閉じ、そのまま次の이 [i] を発音するので、この2つの音が連なって「미」[mi] と発音され、「チジミ」という音になるのですね。

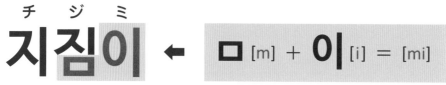

チ　ジ　ミ
지짐이　←　ロ [m] ＋ 이 [i] ＝ [mi]

実際の発音は［지지미］。

　これは「連音化」という発音変化です。連音化とはパッチムのある文字の直後に、母音（ㅇで始まる文字）が来た場合には、そのパッチムと母音がくっついて発音されるというルールです。
　連音化はかなり頻繁に起こる発音変化ですが、これをマスターすると発音がとてもなめらか且つスムーズになります。

連音化の注意点

　連音化に関しては、2つメモしてほしいことがあります。

❶ 母音（ㅇで始まる文字）の前に来るパッチムがㅇの場合には、音はくっつきません。

　　　ヨンオ　　　　　　　　コヤンイ
例　영어「英語」　　　고양이「猫」

❷ 읽のようにパッチムが2つある場合には p.38 で見たように左右どちらか1つを発音することになっていました。しかし、읽어요のように次に母音（ㅇで始まる文字）が来る場合には、2つのパッチムのうち左をパッチムとして発音し、右が連音化して次の母音とくっついて発音されると決まっています。

　　　イルゴヨ
例　읽어요「読みます」

実際の発音は［일거요］。

書いてみよう

発音を確認しながら書いてみましょう。

日本語	韓国語	実際の発音	練習	練習
① 日本語	イルボノ **일본어**	[일보너]	일본어	
② 韓国語	ハングゴ **한국어**	[한구거]	한국어	
③ 音楽	ウマク **음악**	[으막]	음악	
④ 同じです	カタヨ **같아요**	[가타요]	같아요	
⑤ あります	イッソヨ **있어요**	[이써요]	있어요	
⑥ 高いです	ノッパヨ **높아요**	[노파요]	높아요	
⑦ 知っています	アラヨ **알아요**	[아라요]	알아요	
⑧ 読みます	イルゴヨ **읽어요**	[일거요]	읽어요	
⑨ 明るいです	パルガヨ **밝아요**	[발가요]	밝아요	
⑩ 座ります	アンジャヨ **앉아요**	[안자요]	앉아요	

第1章　ハングルの綴りと発音

Lesson 18

発音のルール③ その他の発音ルール

DL 1_18

有声音化（→ p.40）、連音化（→ p.42）以外の主な発音のルールを紹介します。

☆鼻音化

［p］［t］［k］で発音するパッチムの後ろにㅁ・ㄴが来ると、［p］［t］［k］はそれぞれㅁ［m］・ㄴ［n］・ㅇ［ng］で発音されます。

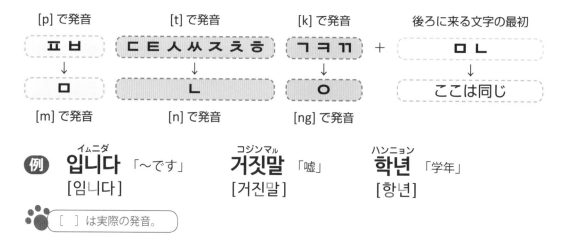

[p] で発音	[t] で発音	[k] で発音		後ろに来る文字の最初
ㅍ ㅂ	ㄷ ㅌ ㅅ ㅆ ㅈ ㅊ ㅎ	ㄱ ㅋ ㄲ	＋	ㅁ ㄴ
↓	↓	↓		↓
ㅁ	ㄴ	ㅇ		ここは同じ
[m] で発音	[n] で発音	[ng] で発音		

例 입니다（イㇺニダ）「～です」［임니다］　거짓말（コジンマㇽ）「嘘」［거진말］　학년（ハンニョン）「学年」［항년］

［　］は実際の発音。

☆濃音化

［p］［t］［k］で発音するパッチムの後ろにㄱㄷㅂㅈㅅが来ると、ㄱㄷㅂㅈㅅはそれぞれ濃音ㄲ［ˀk］ㄸ［ˀt］ㅃ［ˀp］ㅉ［ˀch］ㅆ［ˀs］で発音されます。

[p] で発音	[t] で発音	[k] で発音		後ろに来る文字の最初
ㅍ ㅂ	ㄷ ㅌ ㅅ ㅆ ㅈ ㅊ	ㄱ ㅋ ㄲ	＋	ㄱ ㄷ ㅂ ㅈ ㅅ
↓	↓	↓		↓
ここは同じ				ㄲ ㄸ ㅃ ㅉ ㅆ [ˀk] [ˀt] [ˀp] [ˀch] [ˀs] で発音

例 학교（ハッキョ）「学校」［학꾜］　받다（パッタ）「もらう」［받따］　입다（イㇷ゚タ）「着る」［입따］　잡지（チャㇷ゚チ）「雑誌」［잡찌］　접시（チョㇷ゚シ）「皿」［접씨］

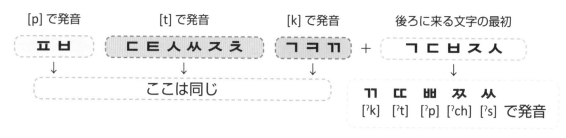

［　］は実際の発音。

☆ 激音化

[p]［t］［k］で発音されるパッチムと ㅎ、またはパッチム ㅎ（ㄶ、ㅀ を含む）と ㄷ、ㅈ、ㄱ が隣合わせになると、それぞれ対応する激音で発音されます。これを激音化と言います。

❶ パターン1

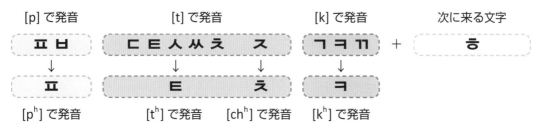

例　<ruby>입학<rt>イッパク</rt></ruby>「入学」　<ruby>못하다<rt>モッタダ</rt></ruby>「できない」　<ruby>축하해요<rt>チュッカヘヨ</rt></ruby>「おめでとうございます」
　　[이팍]　　　　　　[모타다]　　　　　　　　[추카해요]

［　］は実際の発音。

❷ パターン2

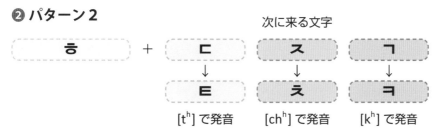

例　<ruby>좋다<rt>チョッタ</rt></ruby>「良い」　<ruby>좋지<rt>チョッチ</rt></ruby>「良いよね」　<ruby>좋고<rt>チョッコ</rt></ruby>「良いし」
　　[조타]　　　　　[조치]　　　　　　　[조코]

［　］は実際の発音。

発音記号の［ˀ］は濃音、［ʰ］は激音を表します。

☆ ㅎの弱化・無音化

パッチムのㅁ、ㄴ、ㅇ、ㄹにㅎが続くと、ㅎは非常に弱く発音されたり、ほぼ発音されなくなったりします。

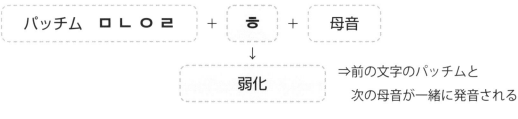

⇒前の文字のパッチムと
　次の母音が一緒に発音される

例 **전화** 「電話」
[저놔]
チョナ

문화 「文化」
[무놔]
ムナ

결혼 「結婚」
[겨론]
キョロン

［　］は実際の発音。

また、パッチムㅎの直後にㅇが続く場合には、ㅎは全く発音されなくなります。

例 **좋아요** 「良いです」
[조아요]
チョアヨ

많아요 「多いです」
[마나요]
マナヨ

［　］は実際の発音。

> 発音のルールは
> 実際に声に出したり
> 発音したりして
> 慣れていきましょう。

☆ 流音化

ㄴとㄹが隣同士になると、ㄴ[n] がㄹ[l] で発音され、両方ともㄹで読まれます。これを流音化と言います。

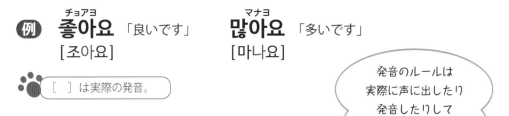

❶ パターン1

[l]　　　　　[n]
ㄹ ＋ **ㄴ**
↓
ㄹ ＋ **ㄹ**
[l]　　　　　[l] で発音

❷ パターン2

[n] で発音　　　　　[r]
ㄴ ＋ **ㄹ**
↓
ㄹ ＋ **ㄹ**
[l] で発音　　　　　[l]

例 **일년** 「一年」
[일련]
イルリョン

연락 「連絡」
[열락]
ヨルラク

［　］は実際の発音。

発音を確認しながら書いてみましょう。

日本語	韓国語	実際の発音	練習	練習
① ～です	イムニダ **입니다**	[임니다] 鼻音化	입니다	
② 嘘	コジンマル **거짓말**	[거진말] 鼻音化	거짓말	
③ 学年	ハンニョン **학년**	[항년] 鼻音化	학년	
④ 学校	ハッキョ **학교**	[학꾜] 濃音化	학교	
⑤ 雑誌	チャプチ **잡지**	[잡찌] 濃音化	잡지	
⑥ できない	モッタダ **못하다**	[모타다] 激音化	못하다	
⑦ 良い	チョッタ **좋다**	[조타] 激音化	좋다	
⑧ 電話	チョナ **전화**	[저놔] ㅎの弱化	전화	
⑨ 良いです	チョアヨ **좋아요**	[조아요] 発音されないㅎ	좋아요	
⑩ 一年	イルリョン **일년**	[일련] 流音化	일년	

第1章 ハングルの綴りと発音

日本語の五十音を
ハングルで書いてみよう

日本の人名や地名などをハングルで書く場合、この一覧表のように書きます。

☆ 五十音対応表

あ	아	い	이	う	우	え	에	お	오
か	가(카)	き	기(키)	く	구(쿠)	け	게(케)	こ	고(코)
さ	사	し	시	す	스	せ	세	そ	소
た	다(타)	ち	지(치)	つ	쓰	て	데(테)	と	도(토)
な	나	に	니	ぬ	누	ね	네	の	노
は	하	ひ	히	ふ	후	へ	헤	ほ	호
ま	마	み	미	む	무	め	메	も	모
や	야			ゆ	유			よ	요
ら	라	り	리	る	루	れ	레	ろ	로
わ	와							を	오
が	가	ぎ	기	ぐ	구	げ	게	ご	고
ざ	자	じ	지	ず	스	ぜ	제	ぞ	조
だ	다	ぢ	지	づ	스	で	데	ど	도
ば	바	び	비	ぶ	부	べ	베	ぼ	보
ぱ	파	ぴ	피	ぷ	푸	ぺ	페	ぽ	포

きゃ	갸(캬)			きゅ	규(큐)			きょ	교(쿄)
ぎゃ	갸			ぎゅ	규			ぎょ	교
しゃ	샤			しゅ	슈			しょ	쇼
じゃ	자			じゅ	주			じょ	조
ちゃ	자(차)			ちゅ	주(추)			ちょ	조(초)
にゃ	냐			にゅ	뉴			にょ	뇨
ひゃ	햐			ひゅ	휴			ひょ	효
びゃ	뱌			びゅ	뷰			びょ	뵤
ぴゃ	퍄			ぴゅ	퓨			ぴょ	표
みゃ	먀			みゅ	뮤			みょ	묘
りゃ	랴			りゅ	류			りょ	료
っ	ㅅ［パッチム］			ん	ㄴ［パッチム］				

 語中・語末の場合は、（　　　）の中にある方の文字を使います。

ここがポイント！

注意すべき字

❶ 日本語の「ウ段」は基本的には母音「ㅜ」を使いますが、サ行、タ行、ザ行、ダ行のときは「ㅡ」を使います。

　　例　いの<u>う</u>え（井上）**이노우에**　　　すずき（鈴木）**스즈키**

❷ タ行、ダ行は、「ち、つ」「ぢ、づ」のときは子音ㅈおよびㅊを使い、その他の場合はㄷを使います。（語中・語末の場合はㅌ）。「つ」の場合に関しては❸参照。

　　例　<u>と</u>うきょう（東京）**도쿄**　　　とちぎ（栃木）**도치기**

❸「つ」は原則として「쓰」を使います。

　　例　ま<u>つ</u>い（松井）**마쓰이**

❹「さいとう（斉藤）」の「う」の部分や「おおさか（大阪）」の2文字目の「お」のような伸ばす音は、原則として表記しません。

　　例　さい<u>と</u>(う)（斉藤）**사이토**　　　お(お)さか（大阪）**오사카**

数字の数え方①
漢数詞

DL
1_19

1、2、3と数えられるようになりましょう。

☆ 漢数詞

韓国語の数詞には、日本語の「いち、に、さん…」にあたる漢数詞と、「ひとつ、ふたつ、みっつ」にあたる固有数詞の2種類があります。ここではまず、漢数詞について見ていきます。

ゼロ	一	二	三	四	五	六	七	八	九	十	百	千	万
ヨン コン	イル	イ	サム	サ	オ	ユク	チル	パル	ク	シプ	ペク	チョン	マン
영, 공※	일	이	삼	사	오	육	칠	팔	구	십	백	천	만

※電話番号や部屋番号などを言うときには、공を使います。

この表にない数は、表中の数詞を組み合わせて表すことができます。

例 二百 ⇒ 이백 (二+百)　　　五万 ⇒ 오만 (五+万)

なお、漢数詞につく助数詞には、次のようなものがあります。

年	月	日	分	番	ウォン	階
ニョン	ウォル	イル	プン	ポン	ウォン	チュン
년	월	일	분	번	원	층

例 이천십팔 년　2018年

> 助数詞は
> 数量などを表すのに
> つける言葉です。

☆ 漢数詞の注意点

漢数詞の使い方には、2つ注意点があります。

❶「一万」の言い方

韓国語で「一万」と言う際には、頭に「一」にあたる「일」をつけずに「만」とだけ言います。

例 만 원이에요.　一万ウォンです。(× 일만 원)

❷「6月」と「10月」の言い方

月の名称は基本的に漢数詞に「월」をつけますが、「6月」と「10月」だけは、それぞれ유월、시월となります。この例外は月の名称のときだけ適応されます。

例 유월　6月　(×육월)　　　시월　10月　(×십월)

練習1 次の数字を韓国語で書いて発音してみましょう。

DL 1_19

① 15		
シボ 십오		
② 270		
イベゥ　チルシプ 이백 칠십		
③ 4300		
サチョン　サムベゥ 사천 삼백		
④ 57000		
オマン　チルチョン 오만 칠천		
⑤ 080-1234-5678		
コンパルゴン　　　　イルリサムサ　　　　オリュゥチルパル 공팔공 – 일이삼사 – 오육칠팔		

練習2 次の数字と単位を韓国語で書いて発音してみましょう。

DL 1_19

① 500 ウォン		
オベグォン 오백 원		
② 2019 年		
イチョンシプク　ニョン 이천십구 년		
③ 13000 ウォン		
マン　サムチョヌォン 만 삼천 원		
④ 8月9日		
パルォル　クイル 팔월 구일		
⑤ 10月10日		
シウォル　シビル 시월 십일		

数字の数え方②
固有数詞

DL
1_20

ひとつ、ふたつ、みっつと数えられるようになりましょう。

☆ 固有数詞

ここでは、もうひとつの数詞の「ひとつ、ふたつ、みっつ」にあたる固有数詞について見てみましょう。

1	2	3	4	5	6	7	8	9
ハナ	トゥル	セッ	ネッ	タソッ	ヨソッ	イルゴプ	ヨドル	アホプ
하나	둘	셋	넷	다섯	여섯	일곱	여덟	아홉

10	20	30	40	50	60	70	80	90
ヨル	スムル	ソルン	マフン	シュィン	イェスン	イルン	ヨドゥン	アフン
열	스물	서른	마흔	쉰	예순	일흔	여든	아흔

この表にない数は、表中の数詞を組み合わせて表すことができます。

例 11 ⇒ 열하나（ヨラナ）（10 ＋ 1）　　22 ⇒ 스물둘（スムルトゥル）（20 ＋ 2）

☆ 固有数詞の注意点

固有数詞で1～4の後ろに助数詞が続く場合には、数詞の形が変化します。これは11、12のように2桁になっても同じです。また、固有数詞の20も直後に助数詞が来る場合には「스무（スム）」という形を使います。ただし、これは20ぴったりのときだけで、21以降は「스물（スムル）」のまま使います。

1	2	3	4	20	
ハン	トゥ	セ	ネ	スム	
한	두	세	네	스무	＋助数詞

なお、固有数詞につく助数詞には、次のようなものがあります。

時	名、人	個	冊	匹	枚	回、度	歳
シ	ミョン	ケ	クォン	マリ	チャン	ポン	サル
시	명	개	권	마리	장	번	살

例 한 시（ハン シ）　1時（×하나 시）　　스무 살（スム サル）　20歳（×스물 살）

書いてみよう

DL 1_20

練習1 発音を確認しながら、次の数詞を書いてみましょう。

① 1	ハナ 하나		② 2	トゥル 둘	
③ 3	セッ 셋		④ 4	ネッ 넷	
⑤ 5	タソッ 다섯		⑥ 6	ヨソッ 여섯	
⑦ 7	イルゴブ 일곱		⑧ 8	ヨドル 여덟	
⑨ 9	アホブ 아홉		⑩ 10	ヨル 열	
⑪ 11	ヨラナ 열하나		⑫ 12	ヨルトゥル 열둘	

DL 1_20

練習2 発音を確認しながら、次の数字と助数詞を書いてみましょう。

① 1時	ハン シ 한 시		
② 2個	トゥ ゲ 두 개		
③ 3人	セ ミョン 세 명		
④ 4枚	ネ ジャン 네 장		
⑤ 5回	タソッ ポン 다섯 번		

ここがポイント！

時刻の表し方

時刻を表す際には、「時」には固有数詞、「分」には漢数詞を使います。混同しないよう注意しましょう。

例 10時10分 ⇒ ヨル シ シブ プン
열 시 십 분

ハングルを
キレイに書くには？

 先生、ハングルが
キレイに書けません…。

 上手に書くには
いくつかの
コツがあります。

書体によるちがい

　日本語に明朝体やゴシック体のような書体があるように、韓国語にも何種類もの書体があります。書体によって文字が異なるように見えてしまうことがあるので気をつけましょう。

　次の表は、上下とも同じ文字をちがう書体で書いたものです。

カ	ナ	タ	ラ	マ	パ	サ	ア	チャ	チャ	カ	タ	パ	ハ
가	나	다	라	마	바	사	아	자	차	카	타	파	하
カ	ナ	タ	ラ	マ	パ	サ	ア	チャ	チャ	カ	タ	パ	ハ
가	나	다	라	마	바	사	아	자	차	카	타	파	하

　とくに、「사」「아」「자」「차」「하」の
5つは、書体による形のちがいが大きいので
注意しましょう。

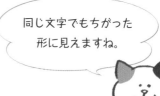 同じ文字でもちがった
形に見えますね。

手書き文字のコツ

　手書きでハングルを書くときは、次の点に気をつけるとキレイな字になります。

① 左右型と上下型

　子音と母音を左右に組み合わせた左右型の場合、それぞれのパーツをやや縦長に書きます。

また、上下に組み合わせた上下型の場合、それぞれのパーツをやや横長に書くとキレイに書くことができます。

②「ㄱ」の書き方

左右型の場合は、カタカナの「フ」のように書き、上下型の場合は、ほぼ直角に曲げるようにして書きます。

③「ㄴ」の書き方

左右型の場合は、カタカナの「レ」のようにややはね気味に書き、上下型の場合は、ほぼ直角に曲げるようにして書きます。

④「ㅅ」と「ㅈ」の書き方

「ㅅ」は漢字の「人」のように、「ㅈ」はカタカナの「ス」のように書きます。

⑤「ㅇ」と「ㅎ」の書き方

아や하の丸の部分は、書体によっては上にへたような点がついて飛び出したように見えますが、単純な丸（ㅇ）で書きます。ㅎの丸の上の点の部分も書体によっては縦に見えたりもしますが、横棒の上に点を斜めに打つだけで大丈夫です。

第1章で学んだハングルを復習しましょう。

1 次の単語の中には、有声音化して濁音で発音される文字が含まれています。
濁音で発音する文字を○で囲んでください。

例） 바 ⃝다 （海）

① 야구　　（野球）

② 소주　　（焼酎）

③ 아버지　（父）

④ 동대문　（東大門）

⑤ 남동생　（弟）

⑥ 한국　　（韓国）

2 次の日本の地名をハングルで表記したものとして正しいものを選んでください。

① 奈良	② 東京	③ 神奈川
A 다라	A 도쿄	A 바나카와
B 나사	B 드교	B 가나가와
C 나라	C 더꼬	C 마사나와

3 次の単語は、すべて乗り物をあらわす単語です。発音に注意しながら書いてみましょう。

① <ruby>버스<rt>ポス</rt></ruby>　（バス）　버 스 ＿＿＿＿＿＿

② <ruby>택시<rt>テクシ</rt></ruby>　（タクシー）　택 시 ＿＿＿＿＿＿

③ <ruby>지하철<rt>チハチョル</rt></ruby>　（地下鉄）　지 하 철 ＿＿＿＿＿＿

④ <ruby>자전거<rt>チャジョンゴ</rt></ruby>　（自転車）　자 전 거 ＿＿＿＿＿＿

⑤ <ruby>자동차<rt>チャドンチャ</rt></ruby>　（自動車）　자 동 차 ＿＿＿＿＿＿

4 音声を聞いて、発音されたものを選んでください。

DL 1_21

① A 이　　B 으

② A 야　　B 요

③ A 어　　B 우

④ A 오　　B 이

⑤ A 우　　B 유

5 音声を聞いて、発音されたものを選んでください。

DL
1_21

① A **강**   B **갈**   C **갑**

② A **물**   B **문**   C **묻**

③ A **운**   B **움**   C **울**

6 次の単語は、日本語と発音がよく似ているものです。発音し、意味を類推して
（　　）に書きましょう。

① **가구** （　　　　）

② **도시** （　　　　）

③ **기분** （　　　　）

④ **무료** （　　　　）

⑤ **가치** （　　　　）

⑥ **악수** （　　　　）

韓国語と日本語で
発音が似ているものが
あるんですね。

1 有声音化とは、子音のㄱ、ㄷ、ㅂ、ㅈが語中（2文字目以降）では濁音で発音されるというルールです（→ p.40）。

① 야(구)
《解説》야구（ヤグ）と発音します。

② 소(주)
《解説》소주（ソジュ）と発音します。

③ 아(버)(지)
《解説》아버지（アボジ）と発音します。

④ 동(대)문
《解説》동대문（トンデムン）と発音します。

⑤ 남(동)생
《解説》남동생（ナムドンセン）と発音します。

⑥ 한(국)
《解説》한국（ハングク）と発音します。

2

① C 나라（ナラ）
《解説》A は다라（タラ）、B は나사（ナサ）と読みます。

② A 도쿄（トキョ）
《解説》B は드교（トゥギョ）、C は더꼬（トッコ）と読みます。

③ B 가나가와（カナガワ）
《解説》A は바나카와（バナカワ）、C は마사나와（マサナワ）と読みます。

4 ① B 으（ウ）
《解説》으は口を横に引いて「ウ」と発音します。이の発音は「イ」です。

② B 요（ヨ）
《解説》요は口を丸くすぼめて「ヨ」と発音します。야の発音は「ヤ」です。

③ A 어 (オ)

《解説》어は口を縦に開けて「オ」と発音します。우の発音は「ウ」です。

④ A 오 (オ)

《解説》오は口を丸くすぼめて「オ」と発音します。이の発音は「イ」です。

⑤ A 우 (ウ)

《解説》우は口を丸くすぼめて「ウ」と発音します。유の発音は「ユ」です。

5 ① C 갑 (カプ)

《解説》강は「カン」、갈は「カル」、갑は「カプ」と発音します。パッチムの発音はそれぞれ、ㅇ [ng]、ㄹ [l] ㅂ [p] です。

② B 문 (ムン)

《解説》물は「ムル」、문は「ムン」、묻は「ムッ」と発音します。パッチムの発音はそれぞれ、ㄹ [l]、ㄴ [n]、ㄷ [t] です。

③ C 울 (ウル)

《解説》운は「ウン」、움は「ウム」、울は「ウル」と発音します。パッチムの発音はそれぞれ、ㄴ [n]、ㅁ [m]、ㄹ [l] です。

6 ① 家具 가구 (カグ) ② 都市 도시 (トシ)

③ 気分 기분 (キブン) ④ 無料 무료 (ムリョ)

⑤ 価値 가치 (カチ) ⑥ 握手 악수 (アゥス)

《解説》漢字由来の韓国語は日本語と発音が似ているものも多くあります（→ p.64）。それについては、第2章で詳しく学習しましょう。

第2章

韓国語の文法

韓国語の基本文法を学習します。

韓国語と日本語の文法は

似ているところも多いので

難しくはありません。

韓国語と日本語の 似ているところ

韓国語は日本語とよく似ていると言われます。

☆ 韓国語と日本語の語順

　韓国語と日本語は、語順がほぼ同じです。そのため言い表したい内容を、日本語の発想のままで並べるだけで文をつくることができます。

例文

チョヌン	ネイル	チングハゴ	ヨンファルル	ポムニダ
저는	내일	친구하고	영화를	봅니다.
私は	明日	友達と	映画を	見ます。

　このように語順が変わらないため、次のように上の文の順番を入れ替えることができます。

例文

ネイル	チョヌン	チングハゴ	ヨンファルル	ポムニダ
내일	저는	친구하고	영화를	봅니다.
明日	私は	友達と	映画を	見ます。

　このほかにも「てにをは」にあたる助詞がある点（→ p.72、p.74、p.76）や、漢字由来の語彙があること（→ p.64）など、韓国語と日本語の類似点は多くあります。

> 韓国語は
> 日本人には学びやすい
> 言葉なんですね。

プラスワン！ 日本語とちがう点

ただし日本語と異なる点もあります。まずは重要ポイントを2つだけ。

❶ **分かち書きをする**

　上の例文のように、韓国語では、英語のように文を書く際に分かち書きをします。

❷ **句読点がちがう**

　韓国語では、英語と同じ句読点を使います。「、」は「,」、「。」は「.」です。

書いてみよう

語順に注意しながら、次の文を書いてみましょう。

① 私は　明日　友達と　映画を　見ます。

チョヌン　ネイル　チングハゴ　ヨンファルル　ポムニダ
저는 내일 친구하고 영화를 봅니다.

저는 내일 친구하고 영화를 봅니다.

② 明日　私は　友達と　映画を　見ます。

ネイル　チョヌン　チングハゴ　ヨンファルル　ポムニダ
내일 저는 친구하고 영화를 봅니다.

내일 저는 친구하고 영화를 봅니다.

③ 私は　昨日　友達に　プレゼントを　あげました。

チョヌン　オジェ　チングハンテ　ソンムルル　ジュオッスムニダ
저는 어제 친구한테 선물을 줬습니다.

저는 어제 친구한테 선물을 줬습니다.

韓国語の漢字音

韓国語にも漢字由来の言葉があります。

☆ 漢字1つに対して、読み方は1つだけ

　日本語には漢字で書く漢字語、カタカナで書く外来語などがあるように、韓国語にも漢字語や外来語などがあります。

　日本の漢字は音読みや訓読みがあり、読み方が何通りかありますが、韓国語の場合は基本的に1つの漢字に1つの読みしかありません。そのため、いくつかの漢字の音を覚えると、それを組み合わせるだけでそのままほかの単語をつくることができます。

　たとえば、韓国語で「社」は사、「会」は회という音です。そのため、「社会」は사회、「会社」は사회を逆並びにした회사となります。

例

　次の例も、지리「地理」の지「地」と도서관「図書館」の도「図」を合わせて지도「地図」という単語ができる例です。

例

 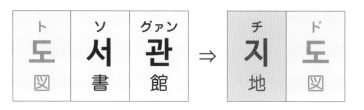

　さらに、上の사회「社会」の회「会」と도서관「図書館」の관「館」を合わせると회관「会館」という単語もできますね。このようにして漢字の音をマスターすると、芋づる式に単語を増やしていくことができるのです。

漢字音を覚えて
組み合わせればどんどん
語彙を増やせますよ。

DL
2_02

第2章

韓国語の文法

発音を確認しながら、次の漢字由来の単語を書いてみましょう。

① 社会	サフェ **사회**	사회		
② 会社	フェサ **회사**	회사		
③ 地理	チリ **지리**	지리		
④ 図書館	トソグァン **도서관**	도서관		
⑤ 地図	チド **지도**	지도		
⑥ 道路	トロ **도로**	도로		
⑦ 家具	カグ **가구**	가구		
⑧ 道具	トグ **도구**	도구		
⑨ 理科	イックァ **이과**	이과		
⑩ 理由	イユ **이유**	이유		

書いてみよう

こそあど言葉

DL 2_03

こそあど言葉をマスターしましょう。

韓国語にも日本語と同じように「こそあど言葉」がありますよ。

☆指示語

「これ、それ、あれ、どれ」のような「こそあど言葉」を見ていきましょう。

こ	この イ 이	これ イゴッ 이것	ここ ヨギ 여기
そ	その ク 그	それ クゴッ 그것	そこ コギ 거기
あ	あの チョ 저	あれ チョゴッ 저것	あそこ チョギ 저기
ど	どの オヌ 어느	どれ オヌ ゴッ 어느 것	どこ オディ 어디

　日本語と韓国語は語順がほぼ同じなので、たとえば、「この、その、あの」と「人」という意味の単語の사람(サラム)をつなげると、「この人、その人、あの人」となります。

この人　이 사람（イ サラム）
その人　그 사람（ク サラム）
あの人　저 사람（チョ サラム）

이사람　그사람　저사람

練習1 発音しながら書いてみましょう。

	この		これ		ここ	
こ	イ 이		イゴッ 이것		ヨギ 여기	
	その		それ		そこ	
そ	ク 그		クゴッ 그것		コギ 거기	
	あの		あれ		あそこ	
あ	チョ 저		チョゴッ 저것		チョギ 저기	
	どの		どれ		どこ	
ど	オヌ 어느		オヌ　ゴッ 어느것		オディ 어디	

DL
2_03

練習2 発音を確認しながら、次の文を書いてみましょう。

① この　カバン　いくらですか？	
イ　カバン　オルマエヨ **이 가방 얼마예요?**	이 가방 얼마예요?
② これ　ください。	
イゴッ　チュセヨ **이것 주세요.**	이것 주세요.
③ それ　何ですか？	
クゴッ　ムォエヨ **그것 뭐예요?**	그것 뭐예요?
④ トイレは　あそこです。	
ファジャンシルン　チョギイムニダ **화장실은 저기입니다.**	화장실은 저기입니다.
⑤ ソウル駅は　どこですか？	
ソウルリョグン　オディイムニカ **서울역은 어디입니까?**	서울역은 어디입니까?

フォーマルな「～です」の言い方

DL
2_04

입니다（イムニダ）を使った「～です」という表現を覚えましょう。

☆名詞＋입니다（イムニダ）

韓国語には「会社員です」や「神奈川です」のような、「～です」という言い方が２種類あります。まずは、입니다（イムニダ）を使った表現を覚えましょう。つくりかたは簡単で、「会社員」や「神奈川」などの名詞の後ろに입니다（イムニダ）をつけるだけです。

つくりかた

名詞 ＋ 입니다（イムニダ）
です

입니다（イムニダ）は分かち書きせず、前の単語にくっつけて書きます。

実際には次のようになります。

例文

회사원입니다.（フェサウォニムニダ）
会社員です。

가나가와입니다.（カナガワイムニダ）
神奈川です。

疑問文のつくりかた

「～ですか？」のように疑問文にするには、「입니다.（イムニダ）」を「입니까?（イムニカ）」にします。

疑問文

회사원입니까?（フェサウォニムニカ）
会社員ですか？

가나가와입니까?（カナガワイムニカ）
神奈川ですか？

 **プラスワン！**

입니다（イムニダ）の発音

입니다（イムニダ）を一文字一文字バラバラに読むと「イ프」「二」「タ」ですが、입＋니の間で鼻音化（→ p.44）が起こり입のパッチムㅂがㅁ［m］で発音され、다は有声音化（→ p.40）して濁音で発音されるため입니다（イムニダ）となります。
今の段階では、입니다（イムニダ）の発音は「イムニダ」と丸覚えしてください。

練習1 　発音を確認しながら、次の文を書いてみましょう。

DL 2_04

① 会社員です。

フェサウォニムニダ
회사원입니다.

회사원입니다.

② 神奈川です。

カナガワイムニダ
가나가와입니다.

가나가와입니다.

③ ドラマです。

トゥラマイムニダ
드라마입니다.

드라마입니다.

④ 映画です。

ヨンファイムニダ
영화입니다.

영화입니다.

練習2 　下の単語をヒントに、次の例文を韓国語にしてみましょう。

① ここです。

② これです。

ヒント　여기「ここ」
ヨギ

ヒント　이것「これ」
イゴッ

こそあど言葉は、
p.66 で学びましたね。

解答　**練習2** 　① **여기입니다.**
ヨギイムニダ
② **이것입니다.**
イゴシムニダ

柔らかい「〜です」の言い方

DL
2_05

「〜です」には입니다（イムニダ）以外にもう１つ表現があります。

☆名詞＋이에요（イエヨ）/예요（エヨ）

前のページでは「〜です」という表現のうちの１つ目として、名詞に입니다（イムニダ）をつける表現を見ました。ここでは、もう１つの「〜です」の表現として이에요（イエヨ）/예요（エヨ）を見ていきましょう。

この、もう１つの「〜です」は、「〜です」の前に来る単語の最後にパッチムがあるかないかによって使う形がちがいます。要注意ですね。

つくりかた

❶ 名詞（パッチムあり） ＋ 이에요（イエヨ） です

❷ 名詞（パッチムなし） ＋ 예요（エヨ）※ です

※この場合の「예요」は「エヨ」と読みます。

実際の例文では、次のようになります。

例文

パッチムあり　일본（イルボン） 사람이에요（サラミエヨ）.
日本　人です。

パッチムなし　친구예요（チングエヨ）.
友達です。

疑問文のつくりかた

また、疑問文は、最後の「.」を「?」にするだけでできます。

疑問文

한국이에요（ハングギエヨ）?
韓国ですか？

어디예요（オディエヨ）?
どこですか？

プラスワン！　文体のちがい

この２つの「〜です」の ❶ 입니다（イムニダ）、❷ 이에요（イエヨ）/예요（エヨ） は、意味は同じですが、文体が異なります。❶はフォーマルな印象を与える文体、❷は柔らかな印象を与える文体と覚えましょう。

本書では먹어요（モゴヨ）「食べます」、먹었어요（モゴッソヨ）「食べました」のように「요」で終わる文体を「柔らかな丁寧形」（해요体（ヘヨ）」としています。一方、먹습니다（モクスムニダ）「食べます」、먹었습니다（モゴッスムニダ）「食べました」のような文体を「フォーマルな丁寧形」（합니다体（ハムニダ）」としています（→ p.98）。

書いてみよう

発音を確認しながら、次の文を書いてみましょう。

① 日本　人です。

イルボン　　サラミエヨ
일본 사람이에요.

일본 사람이에요.

② 友達です。

チングエヨ
친구예요.

친구예요.

③ 韓国ですか？

ハングギエヨ
한국이에요?

한국이에요?

④ どこですか？

オディエヨ
어디예요?

어디예요?

練習してみよう

イエヨ　　エヨ
次の□に、이에요/예요を書き込んで、「～です」という文を完成させてください。

① 学生です。	ハクセン **학생**		**.**
② ここです。	ヨギ **여기**		**.**
③ 日本ですか？	イルボン **일본**		**?**
④ 東京ですか？	トキョ **도쿄**		**?**

どちらを入れるかは、
名詞の最後のパッチムの
有無で判断しましょう。

解答　**練習してみよう**　　イエヨ
① **이에요**　　エヨ
② **예요**　　イエヨ
③ **이에요**　　エヨ
④ **예요**

てにをは①
「は」「が」「を」

DL
2_06

韓国語にも日本語と同じように「てにをは」があります。

☆ 形が2つある助詞

　日本語と韓国語の似ている点には、これまでに見てきた語順や漢字の音のほかに、「てにをは」にあたる助詞がある点があげられます。使い方も基本的には同じなので、覚えたらすぐに使うことができます。

　韓国語の助詞には、「形が2つあるもの」と「形が1つのもの」の2種類があります。まずここでは、形が2つあるものを見ていきましょう。

単語末のパッチムの有無	パッチムあり	パッチムなし
は	은 _{ウン}	는 _{ヌン}
が	이 _イ	가 _カ
を	을 _{ウル}	를 _{ルル}

どうちがうのかな？

?

　助詞のつく単語の最後にパッチム（→ p.36）がある場合には表の左の列、ない場合には右の形がつきます。

パッチムあり		パッチムなし	
イルボヌン **일본은**	日本は	チングヌン **친구는**	友達は
イルボニ **일본이**	日本が	チングガ **친구가**	友達が
イルボヌル **일본을**	日本を	チングルル **친구를**	友達を

　パッチムありのグループは、すべて ㅇ（つまり母音）で始まっているため、連音化（→ p.42）が起こり、パッチムと次の母音がくっついて発音されます。

　なお、助詞は分かち書きせず、すべて前の単語にくっつけて書きます。

発音を確認しながら書いてみましょう。

DL
2_06

① 日本は	② 日本が	③ 日本を
イルボヌン **일본은**	イルボニ **일본이**	イルボヌル **일본을**
일본은	일본이	일본을

④ 友達は	⑤ 友達が	⑥ 友達を
チングヌン **친구는**	チングガ **친구가**	チングルル **친구를**
친구는	친구가	친구를

パッチムの有無に注意して、日本語の下線部にあたる正しい助詞を選んで□に書き込みましょう。

① 韓国<u>は</u>	ハングク **한국**	ウン　ヌン **은 / 는**
② 韓国<u>が</u>	ハングク **한국**	イ　カ **이 / 가**
③ 韓国<u>を</u>	ハングク **한국**	ウル　ルル **을 / 를**
④ 主婦<u>は</u>	チュブ **주부**	ウン　ヌン **은 / 는**
⑤ 主婦<u>が</u>	チュブ **주부**	イ　カ **이 / 가**
⑥ 主婦<u>を</u>	チュブ **주부**	ウル　ルル **을 / 를**

単語に助詞をつけた形も、
声に出して
発音してみましょう。

解答　　①ウン 은　②イ 이　③ウル 을　④ヌン 는　⑤カ 가　⑥ルル 를

てにをは②
「に」「で」「から」など

DL
2_07

その他の助詞についても見てみましょう。

☆ 形が1つの助詞

前のページでは、韓国語の助詞の「形が2つあるもの」について見てみました。次にここでは、形が1つのものを見ていきましょう。

場所/時間	に	에 (エ)	人	に	한테 (ハンテ)
場所	で	에서 (エソ)	人	から	한테서 (ハンテソ)
場所	から	에서 (エソ)	−	と	하고 (ハゴ)

これらの助詞は形が1つなので、覚えたらそのまま使うことができます。ですが、いくつか気をつけてほしい点があります。

❶ 에（エ）と한테（ハンテ）の使い分け

上の表をよく見ると、「〜に」は에（エ）と한테（ハンテ）の2つがあります。에は「いついつに」や「どこどこに」のように時間や場所につく場合に使います。一方、한테は「誰々に」のように人や動物（生きているもの）に対して使います。

例文 일본에 가요. （イルボネ カヨ）

日本に 行きます。

친구한테 줬어요. （チングハンテ ジュォッソヨ）

友達に あげました。

❷ 에서（エソ）の使い分け

場所を表す「〜で」と「〜から」は、韓国語では両方とも에서（エソ）です。これは同じ形で「どこどこで」と「どこどこから」の意味があります。使い分けは、後ろに続く言葉で判断することになります。「どこどこで」であれば「何々する」というそこで行う事柄、「どこどこから」であれば出発点などを表し「来る」、「出発する」など移動に関する動詞が後ろに多く来ます。

例文 일본에서 공부했어요. （イルボネソ コンブヘッソヨ）

日本で 勉強しました。

일본에서 왔어요. （イルボネソ ワッソヨ）

日本から 来ました。

発音を確認しながら書いてみましょう。

① 日本に	② 日本で	③ 日本から
イルボネ **일본에**	イルボネソ **일본에서**	イルボネソ **일본에서**
일본에	일본에서	일본에서

④ 友達に	⑤ 友達から	⑥ 友達と
チングハンテ **친구한테**	チングハンテソ **친구한테서**	チングハゴ **친구하고**
친구한테	친구한테서	친구하고

（　　）にあてはまる正しい助詞を選択肢の中から選びましょう。

なお、同じ助詞を2回使っても構いません。

① 韓国に	ハングッ **한국(　　　)**	② 友達に	チング **친구(　　　)**
③ 友達から	チング **친구(　　　)**	④ 韓国から	ハングッ **한국(　　　)**
⑤ 韓国で	ハングッ **한국(　　　)**	⑥ 友達と	チング **친구(　　　)**

選択肢	A エ **에**　B エソ **에서**　C ハンテ **한테**　D ハンテソ **한테서**　E ハゴ **하고**

解答　　①A　②C　③D　④B　⑤B　⑥E

75

てにをは③
助詞と助詞の組み合わせ

DL
2_08

2つの助詞を組み合わせて使うこともできます。

☆ 2つの助詞の組み合わせ

日本語で「(どこどこ) で」と「(何々) は」を組み合わせて「(どこどこ) では」とすることができるように、韓国語でも助詞同士を組み合わせて使うことができます。

これまで見てきたものでは、次のような組み合わせができますよ。

(場所) では	<ruby>에서<rt>エソ</rt></ruby> + <ruby>는<rt>ヌン</rt></ruby>	で+は	⇒	<ruby>에서는<rt>エソヌン</rt></ruby>	では
(人) には	<ruby>한테<rt>ハンテ</rt></ruby> + <ruby>는<rt>ヌン</rt></ruby>	に+は	⇒	<ruby>한테는<rt>ハンテヌン</rt></ruby>	には
(場所/時間) には	<ruby>에<rt>エ</rt></ruby> + <ruby>는<rt>ヌン</rt></ruby>	に+は	⇒	<ruby>에는<rt>エヌン</rt></ruby>	には
～とは	<ruby>하고<rt>ハゴ</rt></ruby> + <ruby>는<rt>ヌン</rt></ruby>	と+は	⇒	<ruby>하고는<rt>ハゴヌン</rt></ruby>	とは

例文

<ruby>여기에서는<rt>ヨギエソヌン</rt></ruby> <ruby>맛있는<rt>マシンヌン</rt></ruby> <ruby>커피를<rt>コピルル</rt></ruby> <ruby>마실<rt>マシル</rt></ruby> <ruby>수<rt>ス</rt></ruby> <ruby>있어요<rt>イッソヨ</rt></ruby>.

ここでは おいしい コーヒーを 飲むことができます。

<ruby>친구한테는<rt>チングハンテヌン</rt></ruby> <ruby>선물을<rt>ソンムルル</rt></ruby> <ruby>보냈어요<rt>ポネッソヨ</rt></ruby>.

友達には プレゼントを 送りました。

<ruby>한국에는<rt>ハングゲヌン</rt></ruby> <ruby>친구가<rt>チングガ</rt></ruby> <ruby>있어요<rt>イッソヨ</rt></ruby>.

韓国には 友達が います。

<ruby>친구하고는<rt>チングハゴヌン</rt></ruby> <ruby>매일<rt>メイル</rt></ruby> <ruby>만나요<rt>マンナヨ</rt></ruby>.

友達とは 毎日 会います。

発音を確認しながら書いてみましょう。

① ここでは

ヨギエソヌン
여기에서는

여기에서는

② 友達には

チングハンテヌン
친구한테는

친구한테는

③ 韓国には

ハングゲヌン
한국에는

한국에는

④ 友達とは

チングハゴヌン
친구하고는

친구하고는

日本語の下線部を韓国語にして□に書き込みましょう。

① 韓国では　どうですか？

ハングヶ
한국　□ □ □　オッテヨ
어때요?

② まだ　姉には　言わないでください。

アジヶ　オンニ
아직 언니　□ □ □　マラジ　マセヨ
말하지 마세요.

③ 日曜日には　約束が　あります。

イリョイル
일요일　□ □　ヤヶソギ　イッソヨ
약속이 있어요.

④ 友人とは　会社で　初めて　会いました。

チング
친구　□ □ □　フェサエソ　チョウム　マンナッソヨ
회사에서 처음 만났어요.

解答　**練習してみよう**　① エソヌン **에서는**　② ハンテヌン **한테는**　③ エヌン **에는**　④ ハゴヌン **하고는**

「〜です」「〜します」①
パッチムがある場合

DL
2_09

ここでは「〜です」「〜します」という表現を見ていきます。

☆「〜です」「〜します」には3つのパターンが

p.68、p.70では、「神奈川です」や「日本人です」のように「名詞＋です」という形を見ました。ここでは「食べます」「多いです」のような「〜です」「〜します」という用言（動詞や形容詞など）の活用を見ていきましょう。

「〜です」「〜します」という表現には、大まかに分けて3つのパターンがあります。

パターン1 柔らかな丁寧形、パッチムあり
パターン2 柔らかな丁寧形、パッチムなし（→ p.80）
パターン3 フォーマルな丁寧形（→ p.82）

動詞や形容詞を使った
表現が言えるように
なりますよ。

☆パターン1　柔らかな丁寧形、パッチムあり

このパターン1は、会話でよく使われる柔らかな表現で、語幹末にパッチムのあるものです。つくりかたは、次の手順のようになります。

つくりかた

手順1 基本形から、最後の「다」を取る ＝ 語幹

手順2 語幹の最後がパッチムありの場合
⇒ ❶ 語幹の最後の母音が「ㅏ、ㅗ、ㅑ」⇒ 語幹の後ろに아요をつける
⇒ ❷ 語幹の最後の母音が「ㅏ、ㅗ、ㅑ」以外 ⇒ 語幹の後ろに어요をつける

例

❶ パッタ　　バッ　　アヨ　　パダヨ
받다 → **받** ＋ **아요** ＝ **받아요**
「もらう」　語幹　　　　　　「もらいます」

❷ モッタ　　モッ　　オヨ　　モゴヨ
먹다 → **먹** ＋ **어요** ＝ **먹어요**
「食べる」　語幹　　　　　　「食べます」

次の活用をなぞって書いてみましょう。

基本形		語幹	です・します		最終形
① サルダ **살다** 住む	→	サル **살**	アヨ **아요**	⇒	サラヨ **살아요** 住みます
② マンタ **많다** 多い	→	マン **많**	アヨ **아요**	⇒	マナヨ **많아요** 多いです
③ モクタ **먹다** 食べる	→	モク **먹**	オヨ **어요**	⇒	モゴヨ **먹어요** 食べます
④ イクタ **읽다** 読む	→	イク **읽**	オヨ **어요**	⇒	イルゴヨ **읽어요** 読みます

DL 2_09

日本語の下線部にあたる【　】の用言を活用させて、文章を完成させましょう。

① 家族と　一緒に　<u>住みます</u>。 サルダ 【 살다 ＝ 住む 】	カジョッカゴ　　カッチ **가족하고 같이 (　　　　　).**
② 友達が　<u>多いです</u>。 マンタ 【 많다 ＝ 多い 】	チングガ **친구가 (　　　　　).**
③ ご飯を　<u>食べます</u>。 モクタ 【 먹다 ＝ 食べる 】	パブル **밥을 (　　　　　).**
④ 本を　<u>読みます</u>。 イクタ 【 읽다 ＝ 読む 】	チェグル **책을 (　　　　　).**

解答　　① サラヨ **살아요**　② マナヨ **많아요**　③ モゴヨ **먹어요**　④ イルゴヨ **읽어요**

「〜です」「〜します」②
パッチムがない場合

DL
2_10

「〜です」「〜します」のパターン2を見ていきます。

☆パターン2　柔らかな丁寧形、パッチムなし

　パターン2は、柔らかな丁寧形で、語幹末にパッチムのないものです。つくりかたは、次の手順のようになります。

つくりかた

手順1　基本形から、最後の「<ruby>다<rt>タ</rt></ruby>」を取る＝語幹

手順2　語幹の最後がパッチムなしの場合

　　⇒ ❶ 語幹の最後の母音が「<ruby>ㅏ<rt>ア</rt></ruby>、<ruby>ㅓ<rt>オ</rt></ruby>、<ruby>ㅕ<rt>ヨ</rt></ruby>、<ruby>ㅐ<rt>エ</rt></ruby>、<ruby>ㅔ<rt>エ</rt></ruby>」

　　　　⇒ 語幹と同じ形に<ruby>요<rt>ヨ</rt></ruby>をつける

　　⇒ ❷ 語幹の最後の母音が「<ruby>ㅗ<rt>オ</rt></ruby>、<ruby>ㅜ<rt>ウ</rt></ruby>、<ruby>ㅣ<rt>イ</rt></ruby>、<ruby>ㅚ<rt>ウェ</rt></ruby>」

　　　　⇒ それぞれの母音を「<ruby>ㅘ<rt>ワ</rt></ruby>、<ruby>ㅝ<rt>ウォ</rt></ruby>、<ruby>ㅕ<rt>ヨ</rt></ruby>、<ruby>ㅙ<rt>ウェ</rt></ruby>」にしてから<ruby>요<rt>ヨ</rt></ruby>をつける

　　⇒ ❸ 《<ruby>하다<rt>ハダ</rt></ruby>》がつく用言

　　　　⇒ 《<ruby>하다<rt>ハダ</rt></ruby>》の部分を<ruby>해요<rt>ヘヨ</rt></ruby>にする

例

❶ <ruby>가다<rt>カダ</rt></ruby> → <ruby>가요<rt>カヨ</rt></ruby>
「行く」　「行きます」

❷ <ruby>오다<rt>オダ</rt></ruby> → <ruby>와요<rt>ワヨ</rt></ruby>
「来る」　「来ます」

❸ <ruby>공부하다<rt>コンプハダ</rt></ruby> → <ruby>공부해요<rt>コンプヘヨ</rt></ruby>
「勉強する」　「勉強します」

◀◀ここでおさらい！　パターン1とパターン2の区別

パターン1　<u>語幹末にパッチムがある場合</u>
　⇒ 語幹の最後の母音によって<ruby>아요<rt>アヨ</rt></ruby>と<ruby>어요<rt>オヨ</rt></ruby>のどちらかをつける（→ p.78）

パターン2　<u>語幹末にパッチムがない場合</u>
　⇒ 語幹の最後の母音によって上のように❶❷❸のケースに分かれる

　この2つのパターンをしっかりと区別できているかどうかは、活用をマスターする上で大切なポイントです。何度も繰り返してみてください。

書いてみよう

次の活用をなぞって書いてみましょう。

基本形		語幹	です・します		最終形
① カダ **가다** 行く	→	カ **가**	ヨ **요**	⇒	カヨ **가요** 行きます
② オダ **오다** 来る	→	オ ワ **오 → 와**	ヨ **요**	⇒	ワヨ **와요** 来ます
③ ハダ **하다** する	→	ハ ヘ **하 → 해**	ヨ **요**	⇒	ヘヨ **해요** します

DL
2_10

日本語の下線部にあたる【　】の用言を活用させて、文章を完成させましょう。

① 韓国に　行きます。 カダ 【 가다 = 行く 】	ハングゲ **한국에 (　　　　　).**
② 日本に　来ます。 オダ 【 오다 = 来る 】	イルボネ **일본에 (　　　　　).**
③ コーヒーを　飲みます。 マシダ 【 마시다 = 飲む 】	コピルル **커피를 (　　　　　).**
④ 勉強します。 ハダ 【 하다 = する 】	コンブ **공부(　　　　　).**

解答　　① カヨ **가요**　② ワヨ **와요**　③ マショヨ **마셔요**　④ ヘヨ **해요**

「〜です」「〜します」③
フォーマルな言い方

フォーマルな丁寧形の「〜です」「〜します」について見ていきます。

☆ パターン3　フォーマルな丁寧形

　これまで、柔らかな丁寧形の「〜です」「〜します」という表現を見てきましたが、よりフォーマルな言い方もあります。この場合も、語幹末のパッチムの有無で形が変わってきます。つくりかたは、次の手順のようになります。

つくりかた

手順1　用言の基本形から、最後の다（タ）を取る ＝ 語幹

手順2　❶ 語幹の最後にパッチムがない場合⇒語幹＋ㅂ니다（ムニダ）

　　　　　❷ 語幹の最後にパッチムがある場合⇒語幹＋습니다（スムニダ）

例

❶ **감사하다**（カムサハダ）「感謝する」

→ **감사하**（カムサハ）＋ **ㅂ니다**（ムニダ）＝ **감사합니다**（カムサハムニダ）
　　感謝し　　　　ます　　　　　　感謝します
　　　　　　　　　　　　　　　　（＝ありがとうございます）

❷ **괜찮다**（クェンチャンタ）「大丈夫だ」

→ **괜찮**（クェンチャン）＋ **습니다**（スムニダ）＝ **괜찮습니다**（クェンチャンスムニダ）
　　大丈夫　　　　です　　　　　大丈夫です

　また、疑問文にするには、ㅂ니다（ムニダ）、습니다（スムニダ）の最後の「다（タ）」を「까?（ッカ）」にするだけです。

疑問文

괜찮습니까?（クェンチャンスムニカ）

大丈夫ですか？

韓国語の文体については
p.98を参照してください。

次の活用をなぞって書いてみましょう。

基本形		語幹	です・します		最終形
① カムサハダ **감사하다** 感謝する	→	カムサハ **감사하**	ムニダ **ㅂ니다**	⇒	カムサハムニダ **감사합니다** 感謝します
② カダ **가다** 行く	→	カ **가**	ムニダ **ㅂ니다**	⇒	カムニダ **갑니다** 行きます
③ モクタ **먹다** 食べる	→	モク **먹**	スムニダ **습니다**	⇒	モクスムニダ **먹습니다** 食べます
④ クェンチャンタ **괜찮다** 大丈夫だ	→	クェンチャン **괜찮**	スムニダ **습니다**	⇒	クェンチャンスムニダ **괜찮습니다** 大丈夫です

DL 2_11

日本語の下線部にあたる【　　】の用言を活用させて、フォーマルな丁寧形で文章を完成させましょう。

① 本当に　ありがとうございます。 カムサハダ 【감사하다 = 感謝する、ありがとう】	チョンマル **정말 (　　　　　).**
② どこに　行きますか？ カダ 【가다 = 行く】	オディエ **어디에 (　　　　　)?**
③ ご飯を　食べます。 モクタ 【먹다 = 食べる】	パプル **밥을 (　　　　　).**
④ 本当に　大丈夫ですか？ クェンチャンタ 【괜찮다 = 大丈夫だ】	チョンマル **정말 (　　　　　)?**

解答　　カムサハムニダ ① **감사합니다**　カムニカ ② **갑니까**　モクスムニダ ③ **먹습니다**　クェンチャンスムニカ ④ **괜찮습니까**

否定文①
「～ではありません」

DL
2_12

否定形のつくりかたを学びましょう。

☆名詞＋이/가 아니에요
（イ　カ　アニエヨ）

ここでは「～ではありません」という否定の表現を見てみます。これは p.70 で見た 이에요/（イエヨ）예요（エヨ）「～です」の否定の形です。「～ではありません」の「～」にあたる名詞の部分の最後にパッチムがあるかないかで一部、形が変わります。

つくりかた

パッチムあり

名詞 ＋ 이（イ） 아니에요（アニエヨ）
　～　　　ではありません

パッチムなし

名詞 ＋ 가（カ） 아니에요（アニエヨ）
　～　　　ではありません

この 이 と 가 は、p.72 の助詞で見たものですが、ここでは《–이/가 아니에요》（イ　カ　アニエヨ）というひとかたまりで「～ではありません」という意味を表します。

実際の例文では次のようになります。

例文

ハッセンイ　アニエヨ
학생이 아니에요.

学生ではありません。

ヨギガ　アニエヨ
여기가 아니에요.

ここではありません。

また、「～ではありませんか？」という疑問文にする場合は、最後の「.」を「?」にするだけです。

疑問文

ハッセンイ　アニエヨ
학생이 아니에요?

学生ではありませんか？

ヨギガ　アニエヨ
여기가 아니에요?

ここではありませんか？

 書いてみよう

発音を確認しながら、次の文を書いてみましょう。

① 学生ではありません。

ハゥセンイ　　　アニエヨ
학생이 아니에요.

학생이 아니에요.

② 韓国人ではありません。

ハングゥ　　サラミ　　　アニエヨ
한국 사람이 아니에요.

한국 사람이 아니에요.

③ ここではありません。

ヨギガ　　　アニエヨ
여기가 아니에요.

여기가 아니에요.

④ 歌手ではありません。

カスガ　　　アニエヨ
가수가 아니에요.

가수가 아니에요.

 練習してみよう

次の日本語の内容に合うように、（　　）のどちらか正しい方に丸をつけてください。

① 娘は　学生ではありません。

ッタルン　ハゥセン　イ　カ　　　アニエヨ
딸은 학생(이/가) 아니에요.

② 私は　韓国人ではありません。

チョヌン　ハングゥ　サラム　イ　カ　　　アニエヨ
저는 한국 사람(이/가) 아니에요.

③ トイレは　ここではありません。

ファジャンシルン　ヨギ　イ　カ　　　アニエヨ
화장실은 여기(이/가) 아니에요.

④ その　人は　歌手ではありません。

ク　サラムン　カス　イ　カ　　　アニエヨ
그 사람은 가수(이/가) 아니에요.

> イ　カ　アニエヨ
> 《-이/가 아니에요》は
> 「〜じゃないです」と
> 訳すこともできます。

解答　練習してみよう　①イ **이**　②イ **이**　③カ **가**　④カ **가**

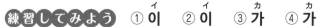

否定文②
「〜しません」

「〜しません」という否定形を学びましょう。

否定の意志などを
伝えることができるように
なりますね。

☆안（アン）＋用言

p.84 では「韓国人ではありません」のような名詞を否定形にする表現を学びましたが、ここでは「食べません」のような用言の否定形を見ていきます。

「〜しません」という否定形には、2通りの表現があります。1つ目は、用言（動詞・形容詞）の前に안（アン）をつける方法です。안（アン）の前後は分かち書きをします。

つくりかた

안（アン）＋ 用言
〜しません

例

モゴヨ　　　　アン　モゴヨ
먹어요 → 안 먹어요
食べます　　　食べません

マンナヨ　　　　アン　マンナヨ
만나요 → 안 만나요
会います　　　　会いません

☆하다（ハダ）のつく動詞の否定形

전화하다（チョナハダ）「電話する」や연락하다（ヨルラッカダ）「連絡する」のように、하다（ハダ）と前の名詞を分けられる動詞の場合には、「名詞」と「하다（ハダ）」の間に안（アン）を置きます。

つくりかた

　　　　　アン　ヘヨ
名詞 ＋ 안 해요
〜しません

例

チョナヘヨ　　　　チョナ　アネヨ
전화해요 → 전화 안 해요
電話します　　　電話　しません

ヨルラッケヨ　　　ヨルラク　アネヨ
연락해요 → 연락 안 해요
連絡します　　　連絡　しません

次の例文の否定形を書いてみましょう。

① <ruby>살아요<rt>サラヨ</rt></ruby> 住みます	→ <ruby>안 살아요<rt>アン　サラヨ</rt></ruby> 住みません	안 살아요
② <ruby>바빠요<rt>パッパヨ</rt></ruby> 忙しいです	→ <ruby>안 바빠요<rt>アン　パッパヨ</rt></ruby> 忙しくありません	안 바빠요
③ <ruby>먹어요<rt>モゴヨ</rt></ruby> 食べます	→ <ruby>안 먹어요<rt>アン　モゴヨ</rt></ruby> 食べません	안 먹어요
④ <ruby>읽어요<rt>イルゴヨ</rt></ruby> 読みます	→ <ruby>안 읽어요<rt>アン　ニルゴヨ</rt></ruby> 読みません	안 읽어요
⑤ <ruby>가요<rt>カヨ</rt></ruby> 行きます	→ <ruby>안 가요<rt>アン　ガヨ</rt></ruby> 行きません	안 가요
⑥ <ruby>와요<rt>ワヨ</rt></ruby> 来ます	→ <ruby>안 와요<rt>アナヨ</rt></ruby> 来ません	안 와요
⑦ <ruby>해요<rt>ヘヨ</rt></ruby> します	→ <ruby>안 해요<rt>アネヨ</rt></ruby> しません	안 해요
⑧ <ruby>전화해요<rt>チョナヘヨ</rt></ruby> 電話します	→ <ruby>전화 안 해요<rt>チョナ　アネヨ</rt></ruby> 電話しません	전화 안 해요
⑨ <ruby>연락해요<rt>ヨルラッケヨ</rt></ruby> 連絡します	→ <ruby>연락 안 해요<rt>ヨルラク　アネヨ</rt></ruby> 連絡しません	연락 안 해요

否定文③
「〜しません」

もう１つの「〜しません」という否定形を学びましょう。

☆ 語幹 + 지^チ 않아요^{アナヨ}

前のページでは２通りある否定形のうちの^{アン}안を使った表現を見ました。ここでは、もう１つの表現を見ていきます。つくりかたは次の通りです。

つくりかた

語幹 + 지^チ 않아요^{アナヨ}
〜　　　　しません

🖊 語幹とは、用言の基本形の最後の「^タ다」を取った残りの形のことです。

🖊「語幹 + 지^チ 않아요^{アナヨ}」の지^チは、分かち書きせず前にくっつけて書きます。

例
먹어요^{モゴヨ} → 먹지^{モッチ} 않아요^{アナヨ}
食べます　　　　食べません

만나요^{マンナヨ} → 만나지^{マンナジ} 않아요^{アナヨ}
会います　　　　会いません

なお「語幹 + 지^チ 않아요^{アナヨ}」の場合には、하다^{ハダ}のつく単語であってもつくりかたは変わりません。

例
전화해요^{チョナヘヨ} → 전화하지^{チョナハジ} 않아요^{アナヨ}
電話します　　　　電話しません

연락해요^{ヨルラッケヨ} → 연락하지^{ヨルラッカジ} 않아요^{アナヨ}
連絡します　　　　連絡しません

안^{アン}も -지^チ 않아요^{アナヨ}も
使えるように
なりましょう。

次の例文の否定形を書いてみましょう。

① **살아요** サラヨ 住みます	→ **살지 않아요** サルジ アナヨ 住みません	살지 않아요
② **많아요** マナヨ 多いです	→ **많지 않아요** マンチ アナヨ 多くありません	많지 않아요
③ **먹어요** モゴヨ 食べます	→ **먹지 않아요** モッチ アナヨ 食べません	먹지 않아요
④ **읽어요** イルゴヨ 読みます	→ **읽지 않아요** イッチ アナヨ 読みません	읽지 않아요
⑤ **가요** カヨ 行きます	→ **가지 않아요** カジ アナヨ 行きません	가지 않아요
⑥ **타요** タヨ 乗ります	→ **타지 않아요** タジ アナヨ 乗りません	타지 않아요
⑦ **해요** ヘヨ します	→ **하지 않아요** ハジ アナヨ しません	하지 않아요
⑧ **전화해요** チョナヘヨ 電話します	→ **전화하지 않아요** チョナハジ アナヨ 電話しません	전화하지 않아요
⑨ **연락해요** ヨルラッケヨ 連絡します	→ **연락하지 않아요** ヨルラッカジ アナヨ 連絡しません	연락하지 않아요

尊敬表現①
「〜なさいます」

DL
2_15

ここでは尊敬形のつくりかたを見ていきます。

目上の人には尊敬の表現を
使って話しましょう。

☆ 語幹 ＋ 으세요 / 세요
<small>ウセヨ　　セヨ</small>

韓国語では、日本語よりも尊敬の表現を多く使う傾向があります。そのため、意識的に使えるようにマスターしておくのが吉です！

「〜なさいます、お〜ます」という動詞や形容詞の尊敬形は次のようにつくります。

つくりかた

語幹末にパッチムがある場合	語幹末にパッチムがない場合
語幹 ＋ 으세요 <small>ウセヨ</small>	語幹 ＋ 세요 <small>セヨ</small>
〜　　なさいます	〜　　なさいます

また、この 으세요 / 세요 は目上の人に対して「〜なさってください」とうながす意味でも使われます。実際の例文では次のようになります。

例
<small>バドゥセヨ</small>
받으세요.
お受け取りください。

<small>ット　　オセヨ</small>
또 오세요.
また　いらしてください。

プラスワン！

名詞 ＋ 이세요 / 세요
<small>イセヨ　　セヨ</small>

「韓国から来られたお客様でいらっしゃいます」のように名詞に「でいらっしゃいます」という表現をつける場合は、次のようにつくります。

❶ 単語の最後にパッチムあり　　名詞 ＋ 이세요 <small>イセヨ</small>
<small>ハングク　プニセヨ</small>
한국 분이세요?　「韓国の方でいらっしゃいますか？」

❷ 単語の最後にパッチムなし　　名詞 ＋ 세요 <small>セヨ</small>
<small>ウンジョン　ッシ　チングセヨ</small>
은정 씨 친구세요?　「ウンジョンさんのお友達でいらっしゃいますか？」

書いてみよう

練習1　次の活用をなぞって書いてみましょう。

① パッタ **받다** 受け取る	→ パドゥセヨ **받으세요** お受け取りください	받으세요
② アンタ **앉다** 座る	→ アンジュセヨ **앉으세요** お座りください	앉으세요
③ イッタ **읽다** 読む	→ イルグセヨ **읽으세요** お読みください	읽으세요
④ オダ **오다** 来る	→ オセヨ **오세요** いらしてください	오세요
⑤ カダ **가다** 行く	→ カセヨ **가세요** 行ってください	가세요
⑥ ハダ **하다** する	→ ハセヨ **하세요** なさってください	하세요

DL
2_15

練習2　発音を確認しながら、次の文を書いてみましょう。

① 韓国の　方でいらっしゃいますか？	② ウンジョン　さんの　お友達でいらっ しゃいますか？
ハングゥ　プニセヨ **한국 분이세요?**	ウンジョン　ッシ　チングセヨ **은정 씨 친구세요?**
한국 분이세요?	은정 씨 친구세요?

尊敬表現②
尊敬語

DL
2_16

尊敬語では単語そのものが変わるものもあります。

☆ 動詞・形容詞の尊敬語

前のページでは、으세요/세요を使った尊敬の表現のつくりかたを見ましたが、このつくり
かた以外に、尊敬語になると単語の形自体が変わるものがあります。日本語で「食べる」に対
して「召し上がる」があるようなものですね。

非尊敬形	尊敬語	尊敬語＋です/ます
モッタ **먹다** 食べる	トゥシダ **드시다** 召し上がる	トゥセヨ **드세요** お召し上がりください
イッタ **있다** いる	ケシダ **계시다** いらっしゃる	ケセヨ **계세요** いらっしゃいます
オプタ **없다** いない	アン　ゲシダ **안 계시다** いらっしゃらない	アン　ゲセヨ **안 계세요** いらっしゃいません

☆ 名詞の尊敬語

名詞にも尊敬語があります。

非尊敬形	サラム **사람** 人	チプ **집** 家	アボジ **아버지** お父さん	オモニ **어머니** お母さん	マル **말** 言葉
尊敬語	プン **분** 方	テク **댁** お宅	アボニム **아버님** お父様	オモニム **어머님** お母様	マルスム **말씀** お言葉

プラスワン！　身内にも尊敬語

日本語では自分よりも目上の人について誰かに話す際に、その目上の人が「身内」である場合に
は「今、父はおりません」のように尊敬の表現を用いません。しかし、韓国語では「身内」であ
るないに関わらず目上の人に対しては常に尊敬の表現を使うと決まっています。そのため、誰に
話す場合であっても「今、お父様はいらっしゃいません」のように言うことになります。

DL
2_16

練習1　発音を確認しながら、次の文を書いてみましょう。

① たくさん　お召し上がりください。

マニ　　ドゥセヨ
많이 드세요.

많이 드세요.

② 今　いらっしゃいますか？

チグム　　ケセヨ
지금 계세요?

지금 계세요?

③ 部屋には　いらっしゃいません。

パンエヌン　アン　ゲセヨ
방에는 안 계세요.

방에는 안 계세요.

④ お宅は　どちらですか？

テグン　　オディセヨ
댁은 어디세요?

댁은 어디세요?

⑤ さようなら。
　（＝お元気でいらしてください）

アンニョイ　ゲセヨ
안녕히 계세요.

안녕히 계세요.

韓国語の「さようなら」には
2通りの言い方がありますが、
⑤はその場に残る人に対して
使うあいさつです。
（→ p.147）

Point

練習2　次の単語の尊敬形を書きましょう。

① 人 → 方		② 言葉 → お言葉	
サラム　　プン **사람 → 분**	분	マル　　マルスム **말 → 말씀**	말씀
③ お父さん → お父様		④ お母さん → お母様	
アボジ　　　アボニム **아버지 → 아버님**	아버님	オモニ　　　オモニム **어머니 → 어머님**	어머님

昨日のことや去年のことも
言えるようになりますね。

☆ 動詞・形容詞・存在詞の過去形

過去を表す表現には大まかに分けて２つのパターンがあります。

パターン１ 柔らかな丁寧形、語幹末にパッチムあり

パターン２ 柔らかな丁寧形、語幹末にパッチムなし（→ p.96）

☆ パターン１ 柔らかな丁寧形、語幹末にパッチムあり

まず、パターン１について見ていきましょう。つくりかたは、次の手順のようになります。

つくりかた

手順１ 基本形から、最後の「다̀」を取る ＝ 語幹

手順２ 語幹の最後にパッチムありの場合

⇒ ❶ 語幹の最後の母音が「ト ア 、ㅗ オ 、ㅑ ヤ」⇒ 語幹の後ろに았어요 アッソヨ をつける

⇒ ❷ 語幹の最後の母音が「ト ア 、ㅗ オ 、ㅑ ヤ」以外 ⇒ 語幹の後ろに었어요 オッソヨ をつける

例

❶ 받다 パッタ → 받 パッ ＋ 았어요 アッソヨ ＝ 받았어요 パダッソヨ

「もらう」　語幹　　　　　　　「もらいました」

❷ 먹다 モㇰタ → 먹 モㇰ ＋ 었어요 オッソヨ ＝ 먹었어요 モゴッソヨ

「食べる」　語幹　　　　　　　「食べました」

次の活用をなぞって書いてみましょう。

基本形		語幹	でした・ました		最終形
① サルダ **살다** 住む	→	サル **살**	アッソヨ **았어요**	⇒	サラッソヨ **살았어요** 住んでいました
② マンタ **많다** 多い	→	マン **많**	アッソヨ **았어요**	⇒	マナッソヨ **많았어요** 多かったです
③ モクタ **먹다** 食べる	→	モク **먹**	オッソヨ **었어요**	⇒	モゴッソヨ **먹었어요** 食べました
④ イクタ **읽다** 読む	→	イク **읽**	オッソヨ **었어요**	⇒	イルゴッソヨ **읽었어요** 読みました

DL 2_17

日本語の下線部にあたる【　】の用言を活用させて、文章を完成させましょう。

① 東京に　住んでいました。 サルダ 【 살다 = 住む 】	トキョエ **도쿄에 (　　　　　　).**
② 人が　多かったです。 マンタ 【 많다 = 多い 】	サラミ **사람이 (　　　　　　).**
③ ご飯を　食べました。 モクタ 【 먹다 = 食べる 】	パブル **밥을 (　　　　　　).**
④ 本を　読みました。 イクタ 【 읽다 = 読む 】	チェグル **책을 (　　　　　　).**

解答　練習してみよう　① サラッソヨ **살았어요**　② マナッソヨ **많았어요**　③ モゴッソヨ **먹었어요**　④ イルゴッソヨ **읽었어요**

過去形②
パッチムがない場合

DL
2_18

語幹末にパッチムがない場合の過去形を見ていきましょう。

☆ パターン２　柔らかな丁寧形、語幹末にパッチムなし

　パターン２は、柔らかな丁寧形で、語幹末にパッチムなしの場合の過去形です。つくりかたは、次の手順のようになります。

つくりかた

手順1　基本形から、最後の「다」を取る＝語幹

手順2　語幹の最後にパッチムなしの場合

⇒ ❶ 語幹の最後の母音が「ㅏ、ㅓ、ㅕ、ㅐ、ㅔ」
　　⇒ 語幹と同じ形に ㅆ어요をつける

⇒ ❷ 語幹の最後の母音が「ㅗ、ㅜ、ㅣ、ㅚ」
　　⇒ それぞれの母音を「ㅘ、ㅝ、ㅕ、ㅙ」にしてから ㅆ어요をつける

⇒ ❸《하다》がつく動詞・形容詞
　　⇒《하다》の部分を 했어요にする

例

❶ **가다** 「行く」 → **갔어요** 「行きました」
カダ　　　　　　　カッソヨ

❷ **오다** 「来る」 → **왔어요** 「来ました」
オダ　　　　　　　ワッソヨ

❸ **결혼하다** 「結婚する」 → **결혼했어요** 「結婚しました」
キョロナダ　　　　　　　　キョロネッソヨ

🐾 プラスワン！　　否定文の過去形

ここで見た過去形と、p.86 と p.88 で見た否定形 ❶ ❷ を合わせて「〜しませんでした」という表現をつくることができます。

❶ **안＋過去形**　　안 갔어요.　「行きませんでした。」
　　アン　　　　　　アン　ガッソヨ

❷ **語幹＋지 않았어요**　가지 않았어요. 「行きませんでした。」
　　チ　　アナッソヨ　　　カジ　アナッソヨ

次の活用をなぞって書いてみましょう。

基本形		語幹	でした・ました		最終形
① ^{カダ} 가다 行く	→	^カ 가	^{ッソヨ} 써어요	⇒	^{カッソヨ} 갔어요 行きました
② ^{オダ} 오다 来る	→	^オ 오 → ^ワ 와	^{ッソヨ} 써어요	⇒	^{ワッソヨ} 왔어요 来ました
③ ^{ハダ} 하다 する	→	^ハ 하 → ^ヘ 해	^{ッソヨ} 써어요	⇒	^{ヘッソヨ} 했어요 しました

日本語の下線部にあたる【　】の用言を活用させて、文章を完成させましょう。

DL
2_18

① 友達と　一緒に　韓国に　行きました。【^{カダ}가다 ＝ 行く】

^{チングハゴ} ^{カッチ} ^{ハングゲ}
친구하고 같이 한국에 (　　　　　　　).

② 昨日、日本に　来ました。【^{オダ}오다 ＝ 来る】

^{オジェ} ^{イルボネ}
어제 일본에 (　　　　　　).

③ 昨年に　結婚しました。【^{ハダ}하다 ＝ する】

^{チャンニョネ} ^{キョロン}
작년에 결혼(　　　　　　).

解答　練習してみよう　① ^{カッソヨ}갔어요　② ^{ワッソヨ}왔어요　③ ^{ヘッソヨ}했어요

ギモンを解決！

合니다体と해요体は
どうちがうの？

입니다と이에요/예요の
ちがいが
わからないのですが……。

意味は同じですが、
与える印象に
ちがいがあります。

２つの「です・ます体」

　ここまでの内容で、日本語の「〜です」にあたる形が입니다（→ p.68）と
이에요/예요（→ p.70）の２つの形があることなどが出てきました。これは、
韓国語には日本語の「です・ます体」にあたる文体が２つあるためです。ここで
はその２つの文体について詳しく見ていきましょう。

　韓国語の「です・ます体」には「합니다体」と「해요体」の２種類があります。
これはどちらも丁寧な表現ですが、次のようなちがいがあります。

합니다体

● フォーマルな印象を与え、かしこまった場面やアナウンス、案内文などで
多様される

● 입니다、습니다、입니까?、습니까?　などの形で終わる

해요体

● 柔らかい印象を与え、会話などで多様される

● 形の上では、이에요、예요、먹어요、해요などのように요で終わる

　２つとも丁寧な形であるため、どちらの文体を使っても「です・ます体」であ
ることには変わりがありません。初対面の場合や、ビジネスなどでは합니다体
を多く使い、日常会話では해요体を多く使うというように、その場面や相手と
の心理的距離などに応じて２つの文体を使い分けているのです。

書いてみよう

文体のちがいに注意しながら、次の文を書いてみましょう。

ハムニダ合니다体	ヘヨ해요体
こんにちは。	こんにちは。
アニョンハシムニカ 안녕하십니까?	アニョンハセヨ 안녕하세요?
私は 伊藤 美奈です。	私は 伊藤 美奈です。
チョヌン イト ミナイムニダ 저는 이토 미나입니다.	チョヌン イト ミナエヨ 저는 이토 미나예요.
あります（います）。	あります（います）。
イッスムニダ 있습니다.	イッソヨ 있어요.
ありません（いません）。	ありません（いません）。
オ_プスムニダ 없습니다.	オ_プソヨ 없어요.
韓国語を 勉強します。	韓国語を 勉強します。
ハングゴルル コンブハムニダ 한국어를 공부합니다.	ハングゴルル コンブヘヨ 한국어를 공부해요.

第2章で学んだ文法事項を復習しましょう。

1 （　　）の中から下線部の日本語に合うものを選んで○をつけてください。

① <u>この</u>カバンいくらですか？

（ 이 / 그 / 저) 가방〔カバン〕 얼마예요?〔オルマエヨ〕

② <u>これ</u>ください。

（ 이것 / 그것 / 저것) 주세요.〔チュセヨ〕

③ <u>それ</u>、何ですか？

（ 이것 / 그것 / 저것) 뭐예요?〔ムォエヨ〕

④ <u>ここ</u>はソウル駅です。

（ 여기 / 거기 / 저기)는〔ヌン〕 서울역입니다.〔ソウルリョギムニダ〕

⑤ トイレは<u>あそこ</u>です。

화장실은〔ファジャンシルン〕 (여기 / 거기 / 저기) 입니다.〔イムニダ〕

2 （　　）の中から日本語と合う助詞を選んで○をつけてください。

① 友達は

친구〔チング〕(은 / 는)

② 日本は

일본〔イルボン〕(은 / 는)

③ 友達が

친구〔チング〕(이 / 가)

④ 日本が

일본〔イルボン〕(이 / 가)

⑤ 友達を

친구〔チング〕(을 / 를)

⑥ 日本を

일본〔イルボン〕(을 / 를)

3 「〜ではありません」という意味にする場合に、適切なものを（　　）の中から選んで○をつけてください。

① ここではありません。

여기(이 / 가) 아니에요.
<small>ヨギ　　　　　　アニエヨ</small>

② 歌手ではありません。

가수(이 / 가) 아니에요.
<small>カス　　　　　　アニエヨ</small>

③ 学生ではありません。

학생(이 / 가) 아니에요.
<small>ハゥセン　　　　　アニエヨ</small>

④ 韓国人ではありません。

한국 사람(이 / 가) 아니에요.
<small>ハングゥ　サラム　　　　　アニエヨ</small>

4 「〜です」「〜ます」という形にする場合、아요と어요のどちらをつけるか適切なものに○をつけ、最終的な形を書いてください。

基本形		語幹	です・ます	最終形
例 받다 <small>パッタ</small> もらう	→	받 <small>パッ</small>	(아요)/ 어요 <small>アヨ　　オヨ</small>	⇒ 받아요 <small>パダヨ</small> もらいます
① 살다 <small>サルダ</small> 住む	→	살 <small>サル</small>	아요 / 어요 <small>アヨ　　オヨ</small>	⇒ 住みます
② 많다 <small>マンタ</small> 多い	→	많 <small>マン</small>	아요 / 어요 <small>アヨ　　オヨ</small>	⇒ 多いです

③ 먹다 → 먹 | 아요 / 어요 | ⇒ 食べます
食べる

④ 읽다 → 읽 | 아요 / 어요 | ⇒ 読みます
読む

5 「～でした」「～ました」という過去の形にする場合、았어요と었어요のどちらを
つけるか適切なものに○をつけ、最終的な形を書いてください。

基本形	語幹	でした・ました	最終形
例 받다 もらう	받	(았어요) / 었어요	받았어요 もらいました
① 살다 住む	살	았어요 / 었어요	住みました
② 많다 多い	많	았어요 / 었어요	多かったです
③ 먹다 食べる	먹	았어요 / 었어요	食べました
④ 읽다 読む	읽	았어요 / 었어요	読みました

1 ① [이] **이 가방 얼마예요?**
〈イ〉〈カバン〉〈オルマエヨ〉

《解説》이は「この」、그は「その」、저は「あの」という意味です（→ p.66）。

② [이것] **이것 주세요.**
〈イゴッ〉〈チュセヨ〉

③ [그것] **그것 뭐예요?**
〈クゴッ〉〈ムォエヨ〉

《解説》이것は「これ」、그것は「それ」、저것は「あれ」という意味です（→ p.66）。

④ [여기] **여기는 서울역입니다.**
〈ヨギヌン〉〈ソウルリョギムニダ〉

⑤ [저기] **화장실은 저기입니다.**
〈ファジャンシルン〉〈チョギイムニダ〉

《解説》여기は「ここ」、거기は「そこ」、저기は「あそこ」という意味です（→ p.66）。

2 ① [는] **친구는**　　② [은] **일본은**
〈ヌン〉〈チングヌン〉　　〈ウン〉〈イルボヌン〉

《解説》「〜は」にあたる助詞は－은/는です。①の친구のように直前の名詞の最後にパッチムがない場合は는を、②の일본のようにパッチムがある場合は은を用います（→ p.72）。

③ [가] **친구가**　　④ [이] **일본이**
〈カ〉〈チングガ〉　　〈イ〉〈イルボニ〉

《解説》「〜が」にあたる助詞は－이/가です。③の친구のように、直前の名詞の最後にパッチムがない場合は가を、④の일본のようにパッチムがある場合は이を用います（→ p.72）。

⑤ [를] **친구를**　　⑥ [을] **일본을**
〈ルル〉〈チングルル〉　　〈ウル〉〈イルボヌル〉

《解説》「〜を」にあたる助詞は－을/를です。⑤の친구のように直前の名詞の最後にパッチムがない場合は를を、⑥の일본のようにパッチムがある場合は을を用います（→ p.72）。

3 ① [<ruby>가<rt>カ</rt></ruby>] <ruby>여기가<rt>ヨギガ</rt></ruby> <ruby>아니에요<rt>アニエヨ</rt></ruby>.

② [<ruby>가<rt>カ</rt></ruby>] <ruby>가수가<rt>カスガ</rt></ruby> <ruby>아니에요<rt>アニエヨ</rt></ruby>.

③ [<ruby>이<rt>イ</rt></ruby>] <ruby>학생이<rt>ハゥセンイ</rt></ruby> <ruby>아니에요<rt>アニエヨ</rt></ruby>.

④ [<ruby>이<rt>イ</rt></ruby>] <ruby>한국<rt>ハングゥ</rt></ruby> <ruby>사람이<rt>サラミ</rt></ruby> <ruby>아니에요<rt>アニエヨ</rt></ruby>.

《解説》「～ではありません」は<ruby>이<rt>イ</rt></ruby>/<ruby>가<rt>カ</rt></ruby> <ruby>아니에요<rt>アニエヨ</rt></ruby>です。①の<ruby>여기<rt>ヨギ</rt></ruby>や②の<ruby>가수<rt>カス</rt></ruby>のように直前の名詞の最後にパッチムがない場合は<ruby>가<rt>カ</rt></ruby>を用います。また、③の<ruby>학생<rt>ハゥセン</rt></ruby>や④の<ruby>한국<rt>ハングゥ</rt></ruby>のようにパッチムがある場合は、<ruby>이<rt>イ</rt></ruby>を用います（→ p.84）。

4 ① [<ruby>아요<rt>アヨ</rt></ruby>] <ruby>살아요<rt>サラヨ</rt></ruby>　② [<ruby>아요<rt>アヨ</rt></ruby>] <ruby>많아요<rt>マナヨ</rt></ruby>

③ [<ruby>어요<rt>オヨ</rt></ruby>] <ruby>먹어요<rt>モゴヨ</rt></ruby>　④ [<ruby>어요<rt>オヨ</rt></ruby>] <ruby>읽어요<rt>イルゴヨ</rt></ruby>

《解説》形容詞や動詞などの語幹末にパッチムがある場合の「～です」「～ます」の言い方です。①の<ruby>살<rt>サル</rt></ruby>や②の<ruby>많<rt>マン</rt></ruby>ように、語幹の最後の母音が「<ruby>ㅏ<rt>ア</rt></ruby>、<ruby>ㅗ<rt>オ</rt></ruby>、<ruby>ㅑ<rt>ヤ</rt></ruby>」の場合は、語幹の後ろに<ruby>아요<rt>アヨ</rt></ruby>をつけます。また、③の<ruby>먹<rt>モク</rt></ruby>や④の<ruby>읽<rt>イク</rt></ruby>のように、語幹の最後の母音が「<ruby>ㅏ<rt>ア</rt></ruby>、<ruby>ㅗ<rt>オ</rt></ruby>、<ruby>ㅑ<rt>ヤ</rt></ruby>」以外の場合は、語幹の後ろに<ruby>어요<rt>オヨ</rt></ruby>をつけます（→ p.78）。

5 ① [<ruby>았어요<rt>アッソヨ</rt></ruby>] <ruby>살았어요<rt>サラッソヨ</rt></ruby>　② [<ruby>았어요<rt>アッソヨ</rt></ruby>] <ruby>많았어요<rt>マナッソヨ</rt></ruby>

③ [<ruby>었어요<rt>オッソヨ</rt></ruby>] <ruby>먹었어요<rt>モゴッソヨ</rt></ruby>　④ [<ruby>었어요<rt>オッソヨ</rt></ruby>] <ruby>읽었어요<rt>イルゴッソヨ</rt></ruby>

《解説》形容詞や動詞などの語幹末にパッチムがある場合の「～でした」「～ました」の言い方です。①の<ruby>살<rt>サル</rt></ruby>や②の<ruby>많<rt>マン</rt></ruby>ように、語幹の最後の母音が「<ruby>ㅏ<rt>ア</rt></ruby>、<ruby>ㅗ<rt>オ</rt></ruby>、<ruby>ㅑ<rt>ヤ</rt></ruby>」の場合は、語幹の後ろに<ruby>았어요<rt>アッソヨ</rt></ruby>をつけます。また、③の<ruby>먹<rt>モク</rt></ruby>や④の<ruby>읽<rt>イク</rt></ruby>のように、語幹の最後の母音が「<ruby>ㅏ<rt>ア</rt></ruby>、<ruby>ㅗ<rt>オ</rt></ruby>、<ruby>ㅑ<rt>ヤ</rt></ruby>」以外の場合は、語幹の後ろに<ruby>었어요<rt>オッソヨ</rt></ruby>をつけます（→ p.94）。

第3章

韓国語のフレーズ

よく使う基本フレーズを学習します。

基本となる文法を押さえれば

自分で文章を組み立てて

表現できるようになります。

基本の表現「〜は〜です」

ウン　ヌン　　　　　　イエヨ　　　エヨ
-은/는 -이에요/예요

DL
3_01

紹介や説明などに使える表現を復習しましょう。

チョヌン　　　　　　　　フェサウォ二イエヨ
저는 회사원이에요.

名詞　助詞　　　　　　名詞　　　　　　　語尾

私は　会社員です。

フォーマルな丁寧形にする場合には、会社員입니다のように
イムニダ　　　　　　　　　　　　　　　フェサウォ二イムニダ
입니다 (→ p.68) を使いましょう。

📖 **文法の解説**　名詞＋은/는＋이에요/예요
　　　　　　　　　　　ウン　ヌン　　　イエヨ　エヨ

　ここまでに学習した内容を組み合わせて、少し長い文にしてみましょう。2章で学習し
　　ウン　ヌン
た은/는「〜は」などの助詞 (→ p.72) と이에요/예요「〜です」(→ p.70) を合わせて、
　　　　　　　　　　　　　　　　　　イエヨ　エヨ
もっと色々なことが表現できます。

◀◀ **ここでおさらい**❕

単語の最後に		〜は	〜です
パッチムあり	(例) 일본 (日本) 사람 (人) など	ウン 은	イエヨ 이에요
パッチムなし	(例) 친구 (友達) 여기 (ここ) など	ヌン 는	エヨ 예요

例文　自己紹介は、次のように、文の単語を入れ替えてつくることができます。

コヒャンウン　トキョエヨ
고향은 도쿄예요.

出身は　東京です。

チュィミヌン　ヨンファ　カムサンイエヨ
취미는 영화 감상이에요.

趣味は　映画　観賞です。

疑問文　「.」を「?」にするだけで、疑問文をつくることができます。

ヤゥソゥ　シガヌン　ミョッ　シエヨ
약속 시간은 몇 시예요?

約束の　時間は　何　時ですか?

練習1 発音を確認しながら、次の文を書いてみましょう。

DL 3_01

① 銀行は あそこです。

ウネンウン チョギエヨ
은행은 저기예요.

은행은 저기예요.

② 私は 会社員です。

チョヌン フェサウォニエヨ
저는 회사원이에요.

저는 회사원이에요.

③ 私は 学生です。

チョヌン ハクセンイエヨ
저는 학생이에요.

저는 학생이에요.

④ あの 人は 日本 人ですか？

チョ サラムン イルボン サラミエヨ
저 사람은 일본 사람이에요?

저 사람은 일본 사람이에요?

練習2 日本語の下線部分を韓国語にして、□に書き込みましょう。

① 私の 名前は 山本 奈緒です。

チェ イルム ヤマモト ナオ
제 이름□ 야마모토 나오□□.

② 趣味は 旅行です。

チュィミ ヨヘン
취미□ 여행□□□.

解答 **練習2** ① ウン エヨ 은/예요 ② ヌン イエヨ 는/이에요

107

否定の表現「〜は〜ではありません」

-은/는 -이/가 아니에요
ウン ヌン イ カ アニエヨ

否定文のつくりかたを復習しましょう。

チョヌン　ハッセンイ　　　　アニエヨ
저는 학생이 아니에요.

[名詞][助詞]　[名詞]　　　　　　[語尾]

私は　学生ではありません。

📖 **文法の解説**　名詞＋은/는＋이/가 아니에요
　　　　　　　　　　　ウン ヌン イ カ アニエヨ

2章で学習した은/는「〜は」などの助詞（→ p.72）と《-이/가 아니에요》「〜では
ウン ヌン　　　　　　　　　　　　　　　　　　　　　　イ カ アニエヨ
ありません」（→ p.84）を合わせて使ってみましょう。

◀◀ここでおさらい♪

単語の最後に		〜は	〜ではありません
パッチムあり	（例）일본（日本） 　　　　사람（人）など	은 ウン	이 아니에요 イ　　アニエヨ
パッチムなし	（例）친구（友達） 　　　　여기（ここ）など	는 ヌン	가 아니에요 カ　　アニエヨ

次の例文で、助詞や語尾の使い分けを確認しましょう。

例文

チョヌン　ハングッ　サラミ　　　アニエヨ
저는 한국 사람이 아니에요.

私は　韓国　人ではありません。

ファジャンシルン　ヨギガ　　　アニエヨ
화장실은 여기가 아니에요.

トイレは　ここではありません。

> 《-은/는 -이/가 아니에요?》
> 　ウン ヌン イ カ アニエヨ
> とすれば、
> 「〜は〜ではありませんか？」
> という疑問文になります。

発音を確認しながら、次の文を書いてみましょう。

① トイレは　ここではありません。

ファジャンシルン　　　ヨギガ　　　　アニエヨ
화장실은 여기가 아니에요.

화장실은 여기가 아니에요.

② その　人は　歌手ではありません。

ク　サラムン　　　カスガ　　　アニエヨ
그 사람은 가수가 아니에요.

그 사람은 가수가 아니에요.

③ 娘は　学生ではありません。

ッタルン　ハッセンイ　　　アニエヨ
딸은 학생이 아니에요.

딸은 학생이 아니에요.

④ 私は　韓国　人ではありません。

チョヌン　ハングッ　　サラミ　　　アニエヨ
저는 한국 사람이 아니에요.

저는 한국 사람이 아니에요.

存在を示す表現「～があります / います」

イ カ イッソヨ
-이/가 있어요

「～があります」と「～がいます」という表現をマスターしましょう。

コヤンイガ　　　　　　イッソヨ
고양이가 있어요.
名詞　　　　助詞　　存在詞　　語尾

猫が　います。

📖 **文法の解説**　名詞＋이/가 있어요
　　　　　　　　　　　　　イ カ イッソヨ

　韓国語では「あります」と「います」は両方とも、있어요となります。辞書に出ているイッソヨ
る基本形は있다です。物や時間に対しても、生きているものに対しても使うことができイッタ
ます。

パッチムあり	パッチムなし
イ イッソヨ	カ イッソヨ
名詞 ＋ 이 ＋ 있어요	名詞 ＋ 가 ＋ 있어요
～　　が　あります/います	～　　が　あります/います

実際の例文は次のようになります。

例文

シガニ　　イッソヨ
시간이 있어요.
時間が　あります。

チングガ　　イッソヨ
친구가 있어요.
友達が　います。

疑問文にするときは、文末の「.」を「?」に変えるだけでOKです。

疑問文

シガニ　　イッソヨ
시간이 있어요?
時間が　ありますか？

チングガ　　イッソヨ
친구가 있어요?
友達が　いますか？

発音を確認しながら、次の文を書いてみましょう。

① 今日は　時間が　あります。

オヌルン　シガニ　イッソヨ
오늘은 시간이 있어요.

오늘은 시간이 있어요.

② 週末には　約束が　あります。

チュマレヌン　ヤクソギ　イッソヨ
주말에는 약속이 있어요.

주말에는 약속이 있어요.

③ あそこに　地下鉄の駅が　あります。

チョギエ　チハチョルリョギ　イッソヨ
저기에 지하철역이 있어요.

저기에 지하철역이 있어요.

④ 韓国に　友達が　います。

ハングゲ　チングガ　イッソヨ
한국에 친구가 있어요.

한국에 친구가 있어요.

⑤ 兄と　弟が　います。

オッパハゴ　ナムドンセンイ　イッソヨ
오빠하고 남동생이 있어요.

오빠하고 남동생이 있어요.

⑥ 私の　家には　猫が　います。

ウリ　チベヌン　コヤンイガ　イッソヨ
우리 집에는 고양이가 있어요.

우리 집에는 고양이가 있어요.

不在を示す表現「～がありません / いません」

-이/가 없어요
（イ　カ　オプソヨ）

DL
3_04

「～がありません」と「～がいません」という表現をマスターしましょう。

オヌルン　イリ　オプソヨ

오늘은 일이 없어요.

名詞　助詞　名詞　助詞　存在詞　語尾

今日は　仕事が　ありません。

📖 **文法の解説**　名詞＋이/가 없어요
（イ　カ　オプソヨ）

　韓国語では「ありません」と「いません」は両方とも、없어요となります。辞書に出
ている基本形は없다です。物や時間に対しても、生きているものに対しても使うことが
できます。

パッチムあり

名詞 ＋ 이 ＋ 없어요
（イ）　　（オプソヨ）

～　　　が ありません/いません

パッチムなし

名詞 ＋ 가 ＋ 없어요
（カ）　　（オプソヨ）

～　　　が ありません/いません

実際の例文は次のようになります。

例文　시간이 없어요.　친구가 없어요.
（シガニ　オプソヨ）　（チングガ　オプソヨ）

時間が　ありません。　友達が　いません。

疑問文にするときは、文末の「.」を「?」に変えるだけでOKです。

疑問文　시간이 없어요?　친구가 없어요?
（シガニ　オプソヨ）　（チングガ　オプソヨ）

時間が　ありませんか？　友達が　いませんか？

書いてみよう！

発音を確認しながら、次の文を書いてみましょう。

① 今日は　仕事が　ありません。

オヌルン　　イリ　　オプソヨ
오늘은 일이 없어요.

오늘은 일이 없어요.

② 私は　兄弟が　いません。

チョヌン　ヒョンジェガ　　オプソヨ
저는 형제가 없어요.

저는 형제가 없어요.

③ 近所に　コンビニが　ありませんか？

クンチョエ　　ピョニジョミ　　オプソヨ
근처에 편의점이 없어요?

근처에 편의점이 없어요?

④ 日本に　知り合いが　いませんか？

イルボネ　　アヌン　サラミ　　オプソヨ
일본에 아는 사람이 없어요?

일본에 아는 사람이 없어요?

プラスワン！
ハムニダ
합니다体

《-이/가 있어요》「〜があります／います」（→ p.110）や《-이/가 없어요》「〜があり
ません／いません」をフォーマルな印象の「です・ます」体にすると次のようになります。

❶「〜があります／います」

　　　　　　イ　カ　　イッスムニダ
名詞 ＋ **이/가 있습니다**
　〜　　　　が　　あります／います

❷「〜がありません／いません」

　　　　　　イ　カ　　オプスムニダ
名詞 ＋ **이/가 없습니다**
　〜　　　　が　　ありません／いません

用言の活用「〜します」
-해요
ヘヨ

DL
3_05

「〜します」の表現を覚えましょう。

ウンドンヘヨ
운동해요.
動詞　語尾

運動します。

📖 文法の解説　-해요
ヘヨ

　日本語の「します」をそのまま韓国語に置き換えるとすれば、「します」＝해요となり
ます。これは日本語で「します」に「運動」や「練習」をつけて「運動します」「練習します」
と言えるのと同じように、韓国語でも해요の前に운동「運動」や연습「練習」をつけて
《운동해요》「運動します」、《연습해요》「練習します」のように使うことができます。
「〜します」という場合には、해요を分かち書きせずに前にくっつけて書きます。

動詞・形容詞※ ＋ 해요
ヘヨ
します

※この場合の動詞・形容詞は基本形が하다で終わるもので、ここに入るのはその하다を取った形
（→ p.80）です。

　実際の例文は次のようになります。また、疑問文にするには、「해요.」を「해요?」とするだ
けでOKです。

ヨンスッペヨ
例文 **연습해요.**
練習します。

ヨンスッペヨ
疑問文 **연습해요?**
練習しますか？

🐾 プラスワン！
ハムニダ
합니다体

フォーマルな印象の「です・ます体」にする
には、해요の部分を합니다にします。

ウンドンハムニダ
例文 **운동합니다.**
運動します。

練習1　発音を確認しながら、次の文を書いてみましょう。

① 運動します。

ウンドンヘヨ
운동해요.

운동해요.

② 練習します。

ヨンスッペヨ
연습해요.

연습해요.

③ 勉強します。

コンブヘヨ
공부해요.

공부해요.

④ 連絡します。

ヨルラッケヨ
연락해요.

연락해요.

練習2　下の単語をヒントに、次の文を韓国語にして□に書き込みましょう。

① 案内します。

□□□□.

ヒント　アンネ　안내「案内」

② 約束します。

□□□□.

ヒント　ヤクソク　약속「約束」

③ 遅刻します。

□□□□.

ヒント　チガク　지각「遅刻」

④ 注文します。

□□□□.

ヒント　チュムン　주문「注文」

解答　練習2　　アンネヘヨ① **안내해요**　ヤクソッケヨ② **약속해요**　チガッケヨ③ **지각해요**　チュムネヨ④ **주문해요**

希望を伝える表現「〜したいです」
-고 싶어요
_{コ シッポヨ}

DL 3_06

「〜したいです」と言えるようになりましょう。

_{ソジョメ カゴ シッポヨ}
서점에 가고 싶어요.
名詞　助詞　動詞　語尾

本屋に　行きたいです。

📖 文法の解説　語幹＋고 싶어요
_{コ シッポヨ}

　ここでは「〜したいです」という表現について見ていきます。食べたいものを聞かれたときや、行きたい場所を伝えるときなど、いろいろな場面で役立ちます。

　つくりかたは次の通りです。

手順1　基本形から、最後の「다」を取る＝語幹
_タ

手順2　語幹の後ろに고 싶어요をつける
_{コ シッポヨ}

例

_{カダ}　　　_カ　　_コ　_{シッポヨ}　　　_{カゴ}　_{シッポヨ}
가다 ⇒ **가** ＋ **고 싶어요** ⇒ **가고 싶어요**
「行く」　語幹　　「したいです」　　「行きたいです」

_{モクタ}　　　_{モク}　　_コ　_{シッポヨ}　　　_{モッコ}　_{シッポヨ}
먹다 ⇒ **먹** ＋ **고 싶어요** ⇒ **먹고 싶어요**
「食べる」　語幹　　「したいです」　　「食べたいです」

🖊 고 싶어요は、가고 싶어요「行きたいです」のように、고は語幹にはくっつけて書き、고と
_{コ シッポヨ カゴ シッポヨ コ コ}
싶어요の間は分かち書きをして離して書きます。
_{シッポヨ}

練習1 次の活用をなぞって書いてみましょう。

基本形		語幹	したいです			最終形
① カダ **가다** 行く	→	カ **가**	コ シッポヨ **고 싶어요**	⇒		カゴ シッポヨ **가고 싶어요** 行きたいです
② モッタ **먹다** 食べる	→	モッ **먹**	コ シッポヨ **고 싶어요**	⇒		モッコ シッポヨ **먹고 싶어요** 食べたいです

DL
3_06

練習2 発音を確認しながら、次の文を書いてみましょう。

① 韓国に　行きたいです。

ハングゲ　カゴ　シッポヨ
한국에 가고 싶어요.

한국에 가고 싶어요.

② 参鶏湯を　食べたいです。

サムゲタンウル　モッコ　シッポヨ
삼계탕을 먹고 싶어요.

삼계탕을 먹고 싶어요.

③ 直接　話したいです。

チッチョプ　マラゴ　シッポヨ
직접 말하고 싶어요.

직접 말하고 싶어요.

④ これを　買いたいです。

イゴスル　サゴ　シッポヨ
이것을 사고 싶어요.

이것을 사고 싶어요.

⑤ 私は　韓国　映画を　見たいです。

チョヌン　ハングンニョンファルル　ポゴ　シッポヨ
저는 한국 영화를 보고 싶어요.

저는 한국 영화를 보고 싶어요.

好みを表す表現「〜が好きです」

-을/를 좋아해요
（ウル ルル チョアヘヨ）

「〜が好きです」と好みを伝えましょう。

여행을 **좋아해요.**
（ヨヘンウル）（チョアヘヨ）

（名詞）（助詞）（動詞）（語尾）

旅行が 好きです。

📖 文法の解説 -을/를 좋아해요
（ウル ルル チョアヘヨ）

　ここでは、「〜が好きです」という、好みを表す表現について見ていきましょう。つくりかたは、次のようになります。

名詞の最後にパッチムあり	名詞の最後にパッチムなし
名詞 + 을 좋아해요（ウル チョアヘヨ） 　　　　が 好きです	名詞 + 를 좋아해요（ルル チョアヘヨ） 　　　　が 好きです

　この助詞の을/를は、本来「〜を」という意味なので（→ p.72）、《-을/를 좋아해요》（ウル ルル チョアヘヨ）「〜が好きです」の直訳は「〜を好きです」となります。この場合は、日本語の「〜が」にあたる「이/가」（イ カ）を使って、《-이/가 좋아해요》（イ カ チョアヘヨ）とはならない点に注意してください。

例文

삼계탕을 좋아해요.
（サムゲタンウル）（チョアヘヨ）
（サムゲタン）
参鶏湯が 好きです。

한국 드라마를 좋아해요.
（ハングッ）（トゥラマルル）（チョアヘヨ）
韓国 ドラマが 好きです。

　疑問文にする場合には「좋아해요.」（チョアヘヨ）の最後の「.」を「？」に変えて「좋아해요？」（チョアヘヨ）とすればOKです。

疑問文

삼계탕을 좋아해요?
（サムゲタンウル）（チョアヘヨ）
参鶏湯が 好きですか？

한국 드라마를 좋아해요?
（ハングッ）（トゥラマルル）（チョアヘヨ）
韓国 ドラマが 好きですか？

練習1　発音を確認しながら、次の文を書いてみましょう。

① 旅行が　好きです。

ヨヘンウル　　チョアヘヨ
여행을 좋아해요.

여행을 좋아해요.

② 韓国　料理が　好きです。

ハングッ　ウムシグル　　チョアヘヨ
한국 음식을 좋아해요.

한국 음식을 좋아해요.

③ 韓国　ドラマが　好きです。

ハングッ　トゥラマルル　　チョアヘヨ
한국 드라마를 좋아해요.

한국 드라마를 좋아해요.

④ 映画が　好きです。

ヨンファルル　　チョアヘヨ
영화를 좋아해요.

영화를 좋아해요.

練習2　日本語の下線部を韓国語にして、□に書き込みましょう。

① 参鶏湯が　好きですか？
サムゲタン

サムゲタン
삼계탕□□□□□**?**

② 韓国　映画が　好きです。

ハングンニョンファ
한국 영화□□□□□**.**

「〜がお好きですか？」は
ウルルル　チョアハセヨ
《-을/를 좋아하세요?》
となりますよ。

解答　練習2　① ウル チョアヘヨ 을 좋아해요　② ルル チョアヘヨ 를 좋아해요

依頼の表現「〜してください」
-아/어 주세요
_{ア　オ　ジュセヨ}

DL
3_08

「〜してください」とお願いしてみましょう。

받아 주세요.
_{パダ　　ジュセヨ}

[動詞]　　　[語尾]

受け取って　ください。

📖 文法の解説　-아/어 주세요
_{ア　オ　ジュセヨ}

「〜してください」という形のつくりかたには3つのパターンがあります。

手順1　基本形から、最後の「다」を取る＝語幹
_タ

手順2　ここから3つのパターンに分かれます。

パターン1　語幹の最後がパッチムありの場合
⇒ ❶ 語幹の最後の母音が「ㅏ、ㅗ、ㅑ」⇒ 語幹＋아 주세요
_{ア　オ　ヤ} _{ア　ジュセヨ}
⇒ ❷ 語幹の最後の母音が「ㅏ、ㅗ、ㅑ」以外 ⇒ 語幹＋어 주세요
_{ア　オ　ヤ} _{オ　ジュセヨ}

パターン2　語幹の最後がパッチムなしの場合
⇒ ❸ 語幹の最後の母音が「ㅏ、ㅓ、ㅕ、ㅐ、ㅔ」⇒ 語幹 ＋ 주세요
_{ア　オ　ヨ　エ　エ} _{ジュセヨ}
⇒ ❹ 語幹の最後の母音が「ㅗ、ㅜ、ㅣ、ㅚ」
_{オ　ウ　イ　ウェ}
　⇒ それぞれの母音を「ㅘ、ㅝ、ㅕ、ㅙ」にしてから주세요をつける
_{ワ　ウォ　ヨ　ウェ} _{ジュセヨ}

パターン3　《하다》がつく用言の場合
_{ハダ}
⇒ ❺ 하다の部分を해 주세요にする
_{ハダ} _{ヘ　ジュセヨ}

プラスワン！　名詞＋주세요
_{チュセヨ}

名詞＋주세요で「〜ください」となります。「水
_{チュセヨ}
ください」という場合には、물「水」に주세요
_{ムル} _{チュセヨ}
「ください」をつけます。

例文　물 주세요.
_{ムル　ジュセヨ}

水　ください。

練習1　次の活用をなぞって書いてみましょう。

基本形		語幹	してください		最終形
① パッタ **받다** 受け取る	→	パッ **받**	ア ジュセヨ **아 주세요**	⇒	パダ ジュセヨ **받아 주세요** 受け取ってください
② マンドゥルダ **만들다** つくる	→	マンドゥル **만들**	オ ジュセヨ **어 주세요**	⇒	マンドゥロ ジュセヨ **만들어 주세요** つくってください
③ カダ **가다** 行く	→	カ **가**	ジュセヨ **주세요**	⇒	カ ジュセヨ **가 주세요** 行ってください
④ オダ **오다** 来る	→	オ ワ **오 → 와**	ジュセヨ **주세요**	⇒	ワ ジュセヨ **와 주세요** 来てください
⑤ ハダ **하다** する	→	ハ ヘ **하 → 해**	ジュセヨ **주세요**	⇒	ヘ ジュセヨ **해 주세요** してください

DL
3_08

練習2　発音を確認しながら、次の文を書いてみましょう。

① 水　ください。

ムル　ジュセヨ
물 주세요.

물 주세요.

② 連絡　ください。

ヨルラ ク　チュセヨ
연락 주세요.

연락 주세요.

③ メール　ください。

メイル　ジュセヨ
메일 주세요.

메일 주세요.

④ 電話　ください。

チョナ　ジュセヨ
전화 주세요.

전화 주세요.

可能の表現「〜できます」

-을/ㄹ 수 있어요

「〜できます」と言えるようになりましょう。

ハングンマルル　　ハル　ス　イッソヨ
한국말을 할 수 있어요.

名詞　　　　助詞　　動詞　　　　　語尾

韓国語が　できます。

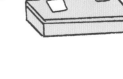

📖 **文法の解説**　ウル ル ス イッソヨ -을/ㄹ 수 있어요

　ここでは「ハングルが読めます」や「韓国語ができます」のような「〜できます」という表現について見ていきましょう。

　「〜できます」という形は、語幹の最後にパッチムがあるかないかによってつくりかたが分かれます。

語幹末にパッチムあり	**語幹末にパッチムなし**

ウル ス イッソヨ
語幹 ＋ 을 수 있어요
〜　　　できます

ル ス イッソヨ
語幹 ＋ ㄹ 수 있어요
〜　　　できます

　冒頭の例文は語幹末にパッチムなしの場合ですが、パッチムがある場合の例文も確認しておきましょう。

ハングルル　イルグル　ス　イッソヨ
例文 한글을 읽을 수 있어요.

ハングルが　読めます。

🐾 **プラスワン！**　　　**〜できません**

ウル ル ス イッソヨ イッソヨ
《-을/ㄹ 수 있어요》の있어요の部分を
オプソヨ
없어요にすると、「〜できません」という
不可能を表す表現になります。

例文

ハングンマルル　　ハル ス　オプソヨ
한국말을 할 수 없어요.

韓国語が　できません。

練習1 次の活用をなぞって書いてみましょう。

基本形		語幹	できます			最終形
① モクタ 먹다 食べる	→	モク 먹	ウル ス イッソヨ 을 수 있어요	⇒		モグル ス イッソヨ 먹을 수 있어요 食べることができます
② イクタ 읽다 読む	→	イク 읽	ウル ス イッソヨ 을 수 있어요	⇒		イルグル ス イッソヨ 읽을 수 있어요 読むことができます
③ カダ 가다 行く	→	カ 가	ル ス イッソヨ ㄹ 수 있어요	⇒		カル ス イッソヨ 갈 수 있어요 行けます
④ ハダ 하다 する	→	ハ 하	ル ス イッソヨ ㄹ 수 있어요	⇒		ハル ス イッソヨ 할 수 있어요 できます
⑤ ポダ 보다 見る	→	ポ 보	ル ス イッソヨ ㄹ 수 있어요	⇒		ポル ス イッソヨ 볼 수 있어요 見ることができます

DL
3_09

練習2 発音を確認しながら、次の文を書いてみましょう。

① 辛い　料理が　食べられますか？

メウン ウムシグル モグル ス イッソヨ
매운 음식을 먹을 수 있어요?

매운 음식을 먹을 수 있어요?

② ハングルが　読めますか？

ハングルル イルグル ス イッソヨ
한글을 읽을 수 있어요?

한글을 읽을 수 있어요?

③ ひとりで　行けますか？

ホンジャソ カル ス イッソヨ
혼자서 갈 수 있어요?

혼자서 갈 수 있어요?

④ 私は　韓国語が　できます。

チョヌン ハングンマルル ハル ス イッソヨ
저는 한국말을 할 수 있어요.

저는 한국말을 할 수 있어요.

もの・ことを尋ねる疑問詞「何」

ムオッ
무엇

DL
3_10

「何」「何を」など、尋ねられるようになりましょう。

チュイミガ　　　　**ムォエヨ**
취미가 뭐예요?

　[名詞]　　[助詞]　　[疑問詞]　[語尾]

趣味は　何ですか？

📖 **文法の解説**　**ムオッ　ムォ**
무엇(뭐)

なに　ムオッ
「何」は무엇です。会話などの際には短くした形（縮約形）の**ムォ**뭐が使われることが多いです。

元の形	縮約形
ムオッ	**ムォ**
무엇	**뭐**
何	何

「何ですか？」は、下のどちらで表現しても構いません。会話では《**ムォエヨ**뭐예요？》の形がよく使われます。

書き言葉的	話し言葉的
ムオシムニカ	**ムォエヨ**
무엇입니까?	**뭐예요?**
何ですか？	何ですか？

また、「〜は何ですか？」と言う場合は、「〜は」にあたる部分には通常**イ　カ**이/가（直訳は「〜が」）を使います。どちらを使うかは、その助詞がつく単語の最後に、パッチムがあるかないかで決まります。

パッチムあり	パッチムなし
イ　　**ムォエヨ**	**カ**　　**ムォエヨ**
-이 뭐예요?	**-가 뭐예요?**
〜は　何ですか？	〜は　何ですか？

発音を確認しながら、次の文を書いてみましょう。

① 趣味は　何ですか？

チュイミガ　　ムォエヨ
취미가 뭐예요?

취미가 뭐예요?

② 材料は　何ですか？

チェリョガ　　ムォエヨ
재료가 뭐예요?

재료가 뭐예요?

③ それ　何ですか？

クゴ　　ムォエヨ
그거 뭐예요?

그거 뭐예요?

④ ホテルの　名前は　何ですか？

ホテル　　イルミ　　ムォエヨ
호텔 이름이 뭐예요?

호텔 이름이 뭐예요?

⑤ 何　食べますか？

ムォ　モゴヨ
뭐 먹어요?

뭐 먹어요?

⑥ 何を　食べたいですか？

ムォル　モッコ　　シッポヨ
뭘 먹고 싶어요?

뭘 먹고 싶어요?

プラスワン！　「何を」

「何を」は　　無엇을ですが、これを短くした뭘
という縮約形も会話ではよく使われます。

例文

ムォル　　モゴヨ
뭘 먹어요?

何を　食べますか？

ムォル
⑥の뭘は「何を」の
短縮形ですね。

125

人を尋ねる疑問詞「誰」

ヌグ
누구

DL
3_11

「誰」「誰が」「誰に」など、尋ねられるようになりましょう。

チョ　　　サラミ　　　　　　　　ヌグエヨ
저 사람이 누구예요?

名詞　　　　助詞　　　　　疑問詞　　　語尾

あの　人は　誰ですか？

📖 文法の解説　누구(ヌグ)

「誰」は누구(ヌグ)です。また、「誰ですか？」は《누구예요?(ヌグエヨ)》となります。

ヌグ
누구

ヌグエヨ
누구예요?

誰

誰ですか？

「〜は誰ですか？」と言う場合は、「〜は」にあたる部分に이(イ)/가(カ)を使います。この点は、前のページで見た무엇(ムォッ)、뭐(ムォ)「何」と同じです。

パッチムあり

イ　　　　ヌグエヨ
-이 누구예요?

〜は　誰ですか？

パッチムなし

カ　　　　ヌグエヨ
-가 누구예요?

〜は　誰ですか？

🐾 プラスワン！　「誰が？」「誰に？」

「誰が」と言うときは누구(ヌグ)「誰」と가(カ)「〜が」をくっつけて누구가(ヌグガ)となりそうですが、形が短縮されて누가(ヌガ)となります。覚えておいてください。
ちなみに、「誰に会いますか？」は、《누구를 만나요?(ヌグルル マンナヨ)》です。「誰に会う」と言うときの「誰に」にあたる部分は누구를(ヌグルル)（直訳は「誰を」）となります。

例文

ヌガ　　ワヨ
누가 와요?

誰が　来ますか？

ヌグルル　マンナヨ
누구를 만나요?

誰に　会いますか？

発音を確認しながら、次の文を書いてみましょう。

DL
3_11

① あの　人は　誰ですか？

チョ　サラミ　　ヌグエヨ
저 사람이 누구예요?

저 사람이 누구예요?

② 誰が　来ますか？

ヌガ　ワヨ
누가 와요?

누가 와요?

③ 誰に　会いますか？

ヌグルル　マンナヨ
누구를 만나요?

누구를 만나요?

④ この　ドラマの　主人公は　誰ですか？

イ　ドゥラマ　チュインゴンイ　ヌグエヨ
이 드라마 주인공이 누구예요?

이 드라마 주인공이 누구예요?

⑤ その　映画は　誰が　出ていますか？

ク　ヨンファヌン　ヌガ　ナワヨ
그 영화는 누가 나와요?

그 영화는 누가 나와요?

⑥ 誰と　一緒に　見ますか？

ヌグハゴ　カッチ　ポァヨ
누구하고 같이 봐요?

누구하고 같이 봐요?

時を尋ねる疑問詞「いつ」

オンジェ
언제

DL
3_12

「いつ」「いつから」「いつまで」など、尋ねられるようになりましょう。

オンジェ　　　　　　チュルバレヨ
언제 출발해요?

疑問詞　　　　　動詞　　語尾

いつ　出発しますか？

📖 **文法の解説**　オンジェ
언제

「いつ」は언제です。「いつですか？」は、《언제예요?》となります。

オンジェ
언제

いつ

オンジェエヨ
언제예요?

いつですか？

「〜はいつですか？」と言う場合は、「〜は」にあたる部分に이/가を使います。

パッチムあり	パッチムなし
イ　　オンジェエヨ	カ　　オンジェエヨ
-이 언제예요?	**-가 언제예요?**
〜は　いつですか？	〜は　いつですか？

🐾 **プラスワン！**　　「いつから」「いつまで」

「いつからいつまで」の「から」は부터、「まで」は까지です。
そのため、「いつからいつまで」は언제부터 언제까지となり
ます。

例文

オンジェブット　　　オンジェッカジエヨ
언제부터 언제까지예요?

いつから　いつまでですか？

> 助詞と組み合わせて、
> 「いつから」や
> 「いつまで」とも
> 言えるように
> なりましょう。

発音を確認しながら、次の文を書いてみましょう。

DL
3_12

第3章　韓国語のフレーズ

① いつ　出発しますか？

オンジェ　　チュルバレヨ
언제 출발해요?

언제 출발해요?

② 出発は　いつですか？

チュルバリ　　オンジェエヨ
출발이 언제예요?

출발이 언제예요?

③ 誕生日は　いつですか？

センイリ　　オンジェエヨ
생일이 언제예요?

생일이 언제예요?

④ 会議は　いつですか？

フェイガ　　オンジェエヨ
회의가 언제예요?

회의가 언제예요?

⑤ 韓国には　いつ　行きましたか？

ハングゲヌン　　オンジェ　　カッソヨ
한국에는 언제 갔어요?

한국에는 언제 갔어요?

⑥ いつから　いつまでですか？

オンジェブット　　　オンジェッカジエヨ
언제부터 언제까지예요?

언제부터 언제까지예요?

場所を尋ねる疑問詞「どこ」

어디
<ruby>オディ</ruby>

DL
3_13

「どこ」「どこで」「どこから」など、尋ねられるようになりましょう。

어디에 가요?
オディエ　カヨ

[疑問詞] [助詞]　[動詞] [語尾]

どこに　行きますか？

📖 文法の解説　어디
オディ

「どこ」は어디です。「どこですか？」は、《어디예요?》となります。

어디　　　　　　　　**어디예요?**
オディ　　　　　　　　　オディエヨ

どこ　　　　　　　　　どこですか？

「〜はどこですか？」と言う場合は、「〜は」にあたる部分に이/가を使います。
イ　カ

パッチムあり　　　　　**パッチムなし**
イ　　オディエヨ　　　　　　カ　　オディエヨ

-이 어디예요?　　　**-가 어디예요?**

〜は　どこですか？　　　　〜は　どこですか？

ちなみに、「どこにありますか？」あるいは「どこにいますか？」は《어디에 있어요?》です。
オディエ　イッソヨ
에を抜いた《어디 있어요?》の形で使われることも多いです。
エ　　　　　オディ　イッソヨ

例文 **은정 씨는 어디에 있어요?**
ウンジョン　ッシヌン　オディエ　イッソヨ

ウンジョン　さんは　どこに　いますか？

화장실은 어디 있어요?
ファジャンシルン　オディ　イッソヨ

トイレは　どこに　ありますか？

発音を確認しながら、次の文を書いてみましょう。

① どこに　行きますか？

オディエ　カヨ
어디에 가요?

어디에 가요?

② トイレは　どこですか？

ファジャンシルン　オディエヨ
화장실은 어디예요?

화장실은 어디예요?

③ どこに　行きたいですか？

オディエ　カゴ　シッポヨ
어디에 가고 싶어요?

어디에 가고 싶어요?

④ どこで　会いますか？

オディソ　マンナヨ
어디서 만나요?

어디서 만나요?

⑤ どこから　来られましたか？

オディソ　オショッソヨ
어디서 오셨어요?

어디서 오셨어요?

⑥ どこで　乗りかえますか？

オディソ　カラタヨ
어디서 갈아타요?

어디서 갈아타요?

 プラスワン！　「どこで」「どこから」

「どこで」「どこから」と言う場合には、어디「ど
オディ
こ」に場所を表す에서「～で」、「～から」をつ
エソ
けた어디에서という形がありますが、それを短
オディエソ
くした어디서という形でもよく使われます。
オディソ

例文
オディソ　カラタヨ
어디서 갈아타요?
どこで　乗り換えますか？

131

数や数量を尋ねる疑問詞「いくつ」

몇 ^{ミョッ}

「いくつ」「いくら」と、尋ねられるようになりましょう。

ミョッ　　　ケ　　　　イッソヨ
몇 개 있어요?

[疑問詞]　[名詞]　[存在詞]　[語尾]

いくつ（何　個）　ありますか？

📖 **文法の解説** 몇 ^{ミョッ}

「いくつ」は몇です。「いくつありますか？」は、冒頭の例文のように、《몇 개 있어요?》となります。

ミョッ
몇

いくつ、何〜

また、몇は、「いくつ」だけではなく「何個」「何時」「何歳」のように数や数量に関わることを尋ねる際にも使うことができます。

例　　ミョッ　ケ　　　　ミョッ　シ　　　　ミョッ　サル
　　몇 개　　　　**몇 시**　　　　**몇 살**
　　何　個　　　　何　時　　　　何　歳

実際の例文では次のようになります。

例文　ミョッ　シエヨ　　　　　ミョッ　サリエヨ
　　몇 시예요?　　　　**몇 살이에요?**
　　何　時ですか？　　　　何　歳ですか？

🐾 **プラスワン！** 「いくら」

数量を尋ねる表現には、このほかに、「いくら、どれほど」という意味の얼마があります。値段を尋ねる際などに《얼마예요?》の形でよく使われます。

例文　オルマエヨ
얼마예요?

いくらですか？

書いてみよう

発音を確認しながら、次の文を書いてみましょう。

① いくつ ありますか?

ミョッ ケ イッソヨ
몇 개 있어요?

몇 개 있어요?

② 何 時ですか?

ミョッ シエヨ
몇 시예요?

몇 시예요?

③ 何 歳ですか?

ミョッ サリエヨ
몇 살이에요?

몇 살이에요?

④ 何 名様でいらっしゃいますか?

ミョッ プニセヨ
몇 분이세요?

몇 분이세요?

③ 電話番号は 何 番ですか?

チョナボノガ ミョッ ポニエヨ
전화번호가 몇 번이에요?

전화번호가 몇 번이에요?

④ 約束の 時間は 何 時ですか?

ヤクソク シガニ ミョッ シエヨ
약속 시간이 몇 시예요?

약속 시간이 몇 시예요?

^{オットッケ}
어떻게

「どのように」「どうやって」などと、尋ねられるようになりましょう。

オットッケ　　　　　カヨ
어떻게　가요?

[疑問詞]　　　　[動詞][語尾]

どうやって　行きますか？

📖 **文法の解説** ^{オットッケ}어떻게

「どのように」は^{オットッケ}어떻게です。日本語訳は「どういうふうに、どう」とすることもできます。

オットッケ
어떻게

どのように

✎ 発音は、激音化（→ p.45）が起こるので어떻게と書いて、[^{オットッケ}어떠케]と発音されます。

この^{オットッケ}어떻게は、「いかがお過ごしですか？」というあいさつ表現にも使うことができます。

オットッケ　　チネセヨ
例文 **어떻게 지내세요?**

いかが（どのように）　お過ごしですか？

また、「名前は何ですか？」と尋ねる《^{イルミ}이름이 ^{ムォエヨ}뭐예요?》は、この^{オットッケ}어떻게を使って、《^{ソンハミ}성함이 ^{オットッケ}어떻게 ^{トェセヨ}되세요?》とすると、より丁寧な表現になります。

ソンハミ　　オットッケ　トェセヨ
例文 **성함이 어떻게 되세요?**

お名前は　何と　おっしゃいますか？

🐾 ^{ソンハム}성함「お名前」は、^{イルム}이름「名前」の尊敬語です。

発音を確認しながら、次の文を書いてみましょう。

① 駅まで　どうやって　行きますか？

<small>ヨッカジ　　オットッケ　　カヨ</small>
역까지 어떻게 가요?

역까지 어떻게 가요?

② 最近　いかが　お過ごしですか？

<small>ヨジュム　　オットッケ　　チネセヨ</small>
요즘 어떻게 지내세요?

요즘 어떻게 지내세요?

③ この　料理は　どうやって　食べますか？

<small>イ　　ヨリヌン　　オットッケ　　モゴヨ</small>
이 요리는 어떻게 먹어요?

이 요리는 어떻게 먹어요?

④ お名前は　何と　おっしゃいますか？

<small>ソンハミ　　オットッケ　　トェセヨ</small>
성함이 어떻게 되세요?

성함이 어떻게 되세요?

　プラスワン！

<small>オットッケ</small>
어떡해「どうしよう」

<small>オットッケ</small>
어떻게「どのように」の発音は、激音化が起こるので［어떠케］です。これと同じ発音の
ものに어떡해（発音は［어떠캐］）がありますが、これは「どうしよう」という意味です。
独り言でもよく使われる表現なので、ドラマなどで耳にしたことがあったりするかもしれ
<small>オットッケ</small>　　　　　　　　　　　　　　　　<small>オットッケ</small>
ません。結果として同じ発音であっても、어떻게は「どのように」で、어떡해は「どうし
よう」という意味で、つづりも異なります。混同しないようにしましょう。

理由を尋ねる疑問詞「なぜ、どうして」

ウェ
왜

DL
3_16

「なぜ」「どうして」と、尋ねられるようになりましょう。

ウェ ウロヨ
왜 울어요?

[疑問詞] [動詞] [語尾]

なぜ　泣いているのですか？

📖 文法の解説　ウェ왜

「なぜ」は왜です。日本語訳は「どうして」とすることもできます。「なぜですか？」は《왜요？》となります。

ウェ
왜

なぜ、どうして

ウェヨ
왜요?

なぜですか？

実際の例文は次のようになります。

例文
ウェ　アヌァッソヨ
왜 안 왔어요?

なぜ　来なかったのですか？

ウェ　ハングゴルル　コンブヘヨ
왜 한국어를 공부해요?

どうして　韓国語を　勉強しているのですか？

 プラスワン！ 「どうかしたのですか？」

相手の言動や行動について「どうかしたのですか？」あるいは「なぜですか？」とその理由を尋ねる場合、《왜 그래요？》が使われます。たとえば、「週末時間ありますか？」という問いかけに対して、「ええ、ありますけど。どうかしたのですか？」と聞き返す場面などで使うことができます。

例文
ウェ　グレヨ
왜 그래요?

どうかしたのですか？

発音を確認しながら、次の文を書いてみましょう。

① なぜ 泣いているのですか？

ウェ　ウロヨ
왜 울어요?

왜 울어요?

② なぜ 来なかったのですか？

ウェ　アヌァッソヨ
왜 안 왔어요?

왜 안 왔어요?

③ どうして 話さなかったのですか？

ウェ　イヤギ　アネッソヨ
왜 이야기 안 했어요?

왜 이야기 안 했어요?

④ どうして こんなに 遅くなったのですか？

ウェ　イロッケ　ヌジョッソヨ
왜 이렇게 늦었어요?

왜 이렇게 늦었어요?

⑤ どうして 韓国語を 勉強しているのですか？

ウェ　ハングゴルル　コンブヘヨ
왜 한국어를 공부해요?

왜 한국어를 공부해요?

무엇（뭐）と 몇は
どちらを使うの？

「何」にあたる韓国語が
2つあって、ちがいが
わからないのですが……？

何について
尋ねているかで
使い分けますよ。

2つの「何」

p.124で見た 무엇（縮約形は 뭐）と p.132で見た 몇 は、日本語訳がどちらも「何」
です。この使い分け方は、次のようになります。

무엇 (뭐)

● 「名前は何ですか?」や「これは何ですか?」という場合の「何」

몇

● 「何時ですか?」や「何名様ですか?」というような「数や数量に関すること」
　などを尋ねる場合の「何、いくつ」

무엇（뭐）と 몇 には、このようなちがいがあるので混同しないようにしましょう。

무엇(뭐)を使う場合

イルミ　　　ムォエヨ
이름이 뭐예요?

名前は　何ですか?

イゴスン　イルボンマルロ　ムォラゴ　ヘヨ
이것은 일본말로 뭐라고 해요?

これは　日本語で　何と言いますか?

몇を使う場合

チグム　ミョッ　シエヨ
지금 몇 시예요?

今、何　時ですか?

ミョッ　プニセヨ
몇 분이세요?

何　名様ですか?

次の文を韓国語に訳す場合は、무엇（뭐）と 몇のどちらを使うのが適切でしょうか？　適切だと思う方に○をつけてください。

① 何　個、　要りますか？

（ 무엇 / 몇 ） 개 필요하세요?

② ホテルの　名前は　何ですか？

호텔 이름이 (뭐 / 몇)예요?

③ 何　時からですか？

（ 무엇 / 몇 ） 시부터예요?

④ この　料理の　素材は　何ですか？

이 요리는 재료가 (뭐 / 몇)예요?

⑤ これは　韓国語で　何と言いますか？

이것은 한국말로 (뭐 / 몇)라고 해요?

解答　① [몇]　　몇 개 필요하세요?

② [뭐]　　호텔 이름이 뭐예요?

③ [몇]　　몇 시부터예요?

④ [뭐]　　이 요리는 재료가 뭐예요?

⑤ [뭐]　　이것은 한국말로 뭐라고 해요?

※무엇は、会話では縮約形の뭐が多く使われます。

第3章で学んだ文法事項を復習しましょう。

1 下線部の日本語訳に合うように（　　　）に適切なハングルを書き込んでください。

① 週末に<u>約束があります</u>。

주말에 약속이 (　　　　　　).
（チュマレ　ヤゥソギ）

② 韓国に<u>友達がいます</u>。

한국에 친구가 (　　　　　　).
（ハングゲ　チングガ）

③ 今日は時間が<u>ありません</u>。

오늘은 시간이 (　　　　　　).
（オヌルン　シガニ）

④ 私の家には<u>猫がいません</u>。

우리 집에는 고양이가 (　　　　　　).
（ウリ　チベヌン　コヤンイガ）

2 「〜します」という意味になるように□に適切なハングルを書き込んでください。

① 運動します。

운동□□.
（ウンドン）

② 練習します。

연습□□.
（ヨンスプ）

③ 勉強します。

공부□□.
（コンブ）

④ 連絡します。

연락□□.
（ヨルラク）

3 次の単語を「〜したいです」の形にしましょう。

① 行く　→　行きたいです。

가다　→　(　　　　　　).
（カダ）

② 食べる　→　食べたいです。

먹다　→　(　　　　　　).
（モゥタ）

③ 買う　　　→　　買いたいです。

사다　→　（　　　　　　　　）.
（サダ）

4 「～が好きです」という意味にする場合に適切な助詞を（　）の中から選んで○を
つけてください。

① 韓国ドラマが好きです。

한국 드라마（ 을 / 를 ）좋아해요.
（ハングㇰ　トゥラマ）　　　　　　（チョアヘヨ）

② 映画が好きです。

영화（ 을 / 를 ）좋아해요.
（ヨンファ）　　　　　（チョアヘヨ）

③ 韓国料理が好きです。

한국 음식（ 을 / 를 ）좋아해요.
（ハングㇰ　ウムシㇰ）　　　　　（チョアヘヨ）

④ 旅行が好きです。

여행（ 을 / 를 ）좋아해요.
（ヨヘン）　　　　　（チョアヘヨ）

5 次の単語を「～してください」の形にしましょう。

① 受け取る　→　受け取ってください。

받다　→　（　　　　　　）.
（パッタ）

② つくる　　→　つくってください。

만들다　→　（　　　　　　）.
（マンドゥルダ）

③ 行く　　　→　行ってください。

가다　→　（　　　　　　）.
（カダ）

④ 来る　　　→　来てください。

오다　→　（　　　　　　）.
（オダ）

⑤ する　　　　→　してください。

하다　→　(　　　　　　　).
_{ハダ}

6 下線部の日本語にあたる韓国語を下の選択肢から選び、(　　　　) に書き入れましょう。

① それ、<u>何</u>ですか?

그거 (　　　　　　) 예요?
_{クゴ}　　　　　　　　_{エヨ}

② <u>誰</u>と一緒に見ますか?

(　　　　　　) 하고 같이 봐요?
　　　　　　　　_{ハゴ}　_{カッチ}　_{ポァヨ}

③ <u>いつ</u>出発しますか?

(　　　　　　) 출발해요?
　　　　　　　_{チュルバレヨ}

④ <u>どこ</u>に行きたいですか?

(　　　　　　) 에 가고 싶어요?
　　　　　　　_エ　_{カゴ}　_{シッポヨ}

⑤ <u>何名様</u>でいらっしゃいますか?

(　　　　　　) 분이세요?
　　　　　　　　_{プニセヨ}

⑥ 駅まで<u>どうやって</u>行きますか?

역까지 (　　　　　　) 가요?
_{ヨックカジ}　　　　　　　　_{カヨ}

⑦ <u>どうして</u>韓国語を勉強しているのですか?

(　　　　　　) 한국어를 공부해요?
　　　　　　　　_{ハングゴルル}　_{コンブヘヨ}

왜	어떻게	어디	언제	누구	몇	뭐
_{ウェ}	_{オットッケ}	_{オディ}	_{オンジェ}	_{ヌグ}	_{ミョッ}	_{ムォ}

1 ① [있어요 _{イッソヨ}] 주말에 약속이 있어요. _{チュマレ ヤゥソギ イッソヨ}

② [있어요 _{イッソヨ}] 한국에 친구가 있어요. _{ハングゲ チングガ イッソヨ}

③ [없어요 _{オプソヨ}] 오늘은 시간이 없어요. _{オヌルン シガニ オプソヨ}

④ [없어요 _{オプソヨ}] 우리 집에는 고양이가 없어요. _{ウリ チベヌン コヤンイガ オプソヨ}

《解説》「〜があります」「〜がいます」は -이/가 있어요と言います (→ p.110)。ま_{イ カ イッソヨ}た、「〜がありません」「〜がいません」は -이/가 없어요と言います (→ p.112)。_{イ カ オプソヨ}なお、「〜が」にあたる助詞は、直前の名詞の最後にパッチムがある場合は이を、パッ_イチムがない場合は가を使います。_カ

2 ① [해요 _{ヘヨ}] 운동해요. _{ウンドンヘヨ}　② [해요 _{ヘヨ}] 연습해요. _{ヨンスッペヨ}

③ [해요 _{ヘヨ}] 공부해요. _{コンブヘヨ}　④ [해요 _{ヘヨ}] 연락해요. _{ヨルラッケヨ}

《解説》「します」にあたる韓国語は해요です。日本語で「運動」や「練習」に「します」_{ヘヨ}をつけて、「運動します」「練習します」と言うように、韓国語でも、운동「運_{ウンドン}動」や연습「練習」などのあとに해요「します」をつけて使うことができま_{ヨンスプ} _{ヘヨ}す (→ p.114)。

3 ① [가고 싶어요 _{カゴ シッポヨ}]

② [먹고 싶어요 _{モッコ シッポヨ}]

③ [사고 싶어요 _{サゴ シッポヨ}]

《解説》「〜したいです」は動詞などの語幹に고 싶어요をつけた形になります_{コ シッポヨ}(→ p.116)。語幹とは基本形から다を取った形のことです。_タ

4 ① [를] 한국 드라마를 좋아해요.
ルル ／ ハングゥ トゥラマルル チョアヘヨ

② [를] 영화를 좋아해요.
ルル ／ ヨンファルル チョアヘヨ

③ [을] 한국 음식을 좋아해요.
ウル ／ ハングゥ ウムシグル チョアヘヨ

④ [을] 여행을 좋아해요.
ウル ／ ヨンヘンウル チョアヘヨ

《解説》「～が好きです」は -을/를 좋아해요です。直前の名詞の最後にパッチムがある場合は을を、パッチムがない場合は를を使います（→ p.118）。

5 ① [받아 주세요]
パダ ジュセヨ

《解説》語幹の最後にパッチムがあり、語幹の最後の母音が「ㅏ、ㅗ、ㅑ」の場合、語幹+아 주세요の形になります（→ p.120）。

② [만들어 주세요]
マンドゥロ ジュセヨ

《解説》語幹の最後にパッチムがあり、語幹の最後の母音が「ㅏ、ㅗ、ㅑ」以外の場合、語幹+어 주세요の形になります（→ p.120）。

③ [가 주세요]
カ ジュセヨ

《解説》語幹の最後にパッチムがなく、語幹の最後の母音が「ㅏ、ㅓ、ㅕ、ㅐ、ㅔ」の場合、語幹+ 주세요の形になります（→ p.120）。

④ [와 주세요]
ワ ジュセヨ

《解説》語幹の最後にパッチムがなく、語幹の最後の母音が「ㅗ、ㅜ、ㅣ、ㅚ」の場合、その母音をそれぞれ「ㅘ、ㅝ、ㅕ、ㅙ」にしてから주세요をつけます（→ p.120）。

⑤ [해 주세요]
ヘ ジュセヨ

《解説》하다がつく用言の場合、하다の部分を해 주세요にします（→ p.120）。

6 ① [뭐] ^{ムォ}　　그거 뭐예요? ^{クゴ　ムォエヨ}

《解説》「何」にあたる疑問詞は、무엇^{ムォッ}です。ここでは、その短縮形の뭐^{ムォ}が答えになります（→ p.124）。

② [누구] ^{ヌグ}　　누구하고 같이 봐요? ^{ヌグハゴ　カッチ　ポァヨ}

《解説》「誰」にあたる疑問詞は누구^{ヌグ}です（→ p.126）。

③ [언제] ^{オンジェ}　　언제 출발해요? ^{オンジェ　チュルバレヨ}

《解説》「いつ」にあたる疑問詞は언제^{オンジェ}です（→ p.128）。

④ [어디] ^{オディ}　　어디에 가고 싶어요? ^{オディエ　カゴ　シッポヨ}

《解説》「どこ」にあたる疑問詞は어디^{オディ}です（→ p.130）。

⑤ [몇] ^{ミョッ}　　몇 분이세요? ^{ミョッ　プニセヨ}

《解説》몇^{ミョッ}は、「何時」や「何歳」と言うときの数や数量を尋ねる際の「何」にあたります（→ p.132）。

⑥ [어떻게] ^{オットッケ}　역까지 어떻게 가요? ^{ヨッカジ　オットッケ　カヨ}

《解説》「どのように」「どうやって」にあたる疑問詞は어떻게^{オットッケ}（→ p.134）です。

⑦ [왜] ^{ウェ}　　왜 한국어를 공부해요? ^{ウェ　ハングゴルル　コンブヘヨ}

《解説》「なぜ」「どうして」にあたる疑問詞は왜^{ウェ}です。(→ p.136)

基本的なあいさつなどを見ていきましょう。

よく使うものばかりなので、声に出して発音しながら読みすすめてください。

こんにちは

アンニョンハセヨ
안녕하세요?

　これは本来「お元気ですか?」という意味なので、朝昼晩いつでも使えます。

はい / いいえ

ネ　　　　イェ　　　アニョ
❶ 네. ❷ 예. / 아뇨.

　「はい」は、❶と❷の2つがあります。どちらも丁寧な表現ですが、❶は柔らかな印象で、❷はフォーマルな印象を与えます。場合によって使い分けます。

お会いできてうれしいです

パンガプスムニダ
반갑습니다.

パンガウォヨ
　「반가워요.」と言う場合もあります。日本語ではあまり言わない表現ですが、韓国語では初対面の場面以外でもよく使われます。言った方も言われた方もうれしい表現ですね。

ありがとうございます

① **감사합니다.** カムサハムニダ

② **고맙습니다.** コマプスムニダ

❷は「고마워요.」と言う場合もあります。❶と❷どちコマウォヨ
らも感謝の意味を表しますが、どちらを使うか迷ったら
とりあえず❶を使うようにしてください。

大丈夫です

괜찮아요. クェンチャナヨ

後ろに「？」をつけて「괜찮아요?」とすると「大丈夫ですか？」となります。クェンチャナヨ
「大丈夫です」「構いませんよ」「結構です」というニュアンスで多用されます。

さようなら

① **안녕히 계세요.** アンニョンイ ゲセヨ

② **안녕히 가세요.** アンニョンイ ガセヨ

韓国語の「さようなら」は2通りの言い方があります。
❶は「お元気でいてください」という意味で「その場に残
る人」に対して使い、❷は「お元気で行ってください」と
いう意味で「その場から去る人」に対して使います。

イラスト単語集　몸 体

モム

얼굴 顔
オルグル

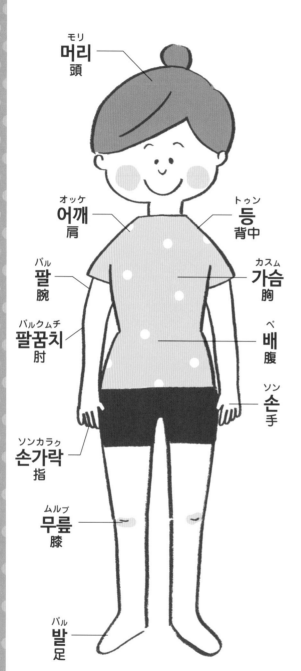

モリ
머리 頭

オッケ
어깨 肩

トゥン
등 背中

バル
팔 腕

カスム
가슴 胸

バルクムチ
팔꿈치 肘

ペ
배 腹

ソン
손 手

ソンカラク
손가락 指

ムルプ
무릎 膝

バル
발 足

モリ
머리 髪

ヌンソプ
눈썹 眉

ヌン
눈 目

クィ
귀 耳

コ
코 鼻

イブ
입 口

モク
목 首

ソンビョル
성별 性別

ナムジャ
남자 男

ヨジャ
여자 女

DL 4_02

ハラボジ
할아버지
祖父

ハルモニ
할머니
祖母

ウェハラボジ
외할아버지
（母方の）祖父

ウェハルモニ
외할머니
（母方の）祖母

アボジ
아버지
父

ブモワ　チャシク
부모와 자식
親子

オモニ
어머니
母

ヒョンジェ
형제
兄弟

チャメ
자매
姉妹

ヒョン
형
（弟から見た）
兄

オッパ
오빠
（妹から見た）
兄

ヌナ
누나
（弟から見た）
姉

オンニ
언니
（妹から見た）
姉

ナムドンセン
남동생
弟

ヨドンセン
여동생
妹

ブブ
부부
夫婦

ナムピョン
남편
夫

ナ　アネ
나 (아내)
私（妻）

ッタル
딸
娘

アドゥル
아들
息子

ヨリ　マシル　コッ

ビビムパプ
비빔밥
ビビンバ

ネンミョン
냉면
冷麺

サムギョプサル
삼겹살
サムギョプサル

サムゲタン
삼계탕
サムゲタン

パプ
밥
ごはん

キムチ
김치
キムチ

キムチチゲ
김치찌개
キムチチゲ

チョッカラク
젓가락
箸

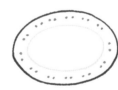

チョプシ
접시
皿

スッカラク
숟가락
スプーン

ムル
물
水

スル
술
酒

コピ
커피
コーヒー

오ッ
옷
服

モジャ
모자
帽子

コウル
거울
鏡

カバン
가방
カバン

エクセソリ
액세서리
アクセサリー

ハンボクゥ
한복
韓服
（韓国の民族衣装の総称）

ミヨンエクゥ
미용액
美容液

クドゥ
구두
靴

ファジャンプム
화장품
化粧品

マスクペクゥ
마스크팩
シートマスク

학생
ハクセン
学生

선생님
ソンセンニム
先生

주부
チュブ
主婦

회사원
フェサウォン
会社員

공무원
コンムウォン
公務員

미용사
ミヨンサ
美容師

요리사
ヨリサ
料理人

점원
チョムォン
店員

간호사
カノサ
看護師

의사
ウイサ
医者

경찰관
キョンチャルグァン
警察官

운전기사
ウンジョンキサ
運転手

コンハン
공항
空港

ヨク
역
駅

キョンチャルソ
경찰서
警察署

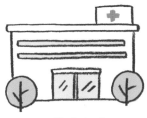

ビョンウォン
병원
病院

ウチェグク
우체국
郵便局

レストラン
레스토랑
レストラン

ポジャンマチャ
포장마차
屋台

ペックァジョム
백화점
デパート

ピョニジョム
편의점
コンビニ

カペ
카페
カフェ

ファジャンシル
화장실
トイレ

ピヘンギ
비행기
飛行機

チョンチョル
전철
電車

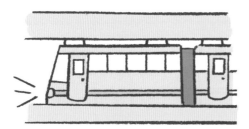

チハチョル
지하철
地下鉄

ポス
버스
バス

チャジョンゴ
자전거
自転車

チャドンチャ
자동차
自動車

テクシ
택시
タクシー

クグプチャ
구급차
救急車

キョンチャルチャ
경찰차
パトカー

ソバンチャ
소방차
消防車

구름
クルム
雲

하늘
ハヌル
空

비
ピ
雨

눈
ヌン
雪

바다
パダ
海

산
サン
山

나무
ナム
木

꽃
ッコッ
花

새
セ
鳥

고양이
コヤンイ
猫

개
ケ
犬

토끼
トッキ
うさぎ

基本母音

基本子音

	ㅏ	ㅑ	ㅓ	ㅕ	ㅗ	ㅛ	ㅜ	ㅠ	ㅡ	ㅣ
ㄱ	カ/ガ 가	キャ/ギャ 갸	コ/ゴ 거	キョ/ギョ 겨	コ/ゴ 고	キョ/ギョ 교	ク/グ 구	キュ/ギュ 규	ク/グ 그	キ/ギ 기
ㄴ	ナ 나	ニャ 냐	ノ 너	ニョ 녀	ノ 노	ニョ 뇨	ヌ 누	ニュ 뉴	ヌ 느	ニ 니
ㄷ	タ/ダ 다	テャ/デャ 댜	ト/ド 더	テョ/デョ 뎌	ト/ド 도	テョ/デョ 됴	トゥ/ドゥ 두	テュ/デュ 듀	トゥ/ドゥ 드	ティ/ディ 디
ㄹ	ラ 라	リャ 랴	ロ 러	リョ 려	ロ 로	リョ 료	ル 루	リュ 류	ル 르	リ 리
ㅁ	マ 마	ミャ 먀	モ 머	ミョ 며	モ 모	ミョ 묘	ム 무	ミュ 뮤	ム 므	ミ 미
ㅂ	バ/パ 바	ピャ/ビャ 뱌	ポ/ボ 버	ピョ/ビョ 벼	ポ/ボ 보	ピョ/ビョ 뵤	プ/ブ 부	ピュ/ビュ 뷰	プ/ブ 브	ピ/ビ 비
ㅅ	サ 사	シャ 샤	ソ 서	ショ 셔	ソ 소	ショ 쇼	ス 수	シュ 슈	ス 스	シ 시
ㅇ	ア 아	ヤ 야	オ 어	ヨ 여	オ 오	ヨ 요	ウ 우	ユ 유	ゥ 으	イ 이
ㅈ	チャ/ジャ 자	チャ/ジャ 쟈	チョ/ジョ 저	チョ/ジョ 져	チョ/ジョ 조	チョ/ジョ 죠	チュ/ジュ 주	チュ/ジュ 쥬	チュ/ジュ 즈	チ/ジ 지

激音

	ㅏ	ㅑ	ㅓ	ㅕ	ㅗ	ㅛ	ㅜ	ㅠ	ㅡ	ㅣ
ㅊ	チャ 차	チャ 챠	チョ 처	チョ 쳐	チョ 초	チョ 쵸	チュ 추	チュ 츄	チュ 츠	チ 치
ㅋ	カ 카	キャ 캬	コ 커	キョ 켜	コ 코	キョ 쿄	ク 쿠	キュ 큐	ク 크	キ 키
ㅌ	タ 타	テャ 탸	ト 터	テョ 텨	ト 토	テョ 툐	トゥ 투	テュ 튜	トゥ 트	ティ 티
ㅍ	パ 파	ピャ 퍄	ポ 퍼	ピョ 펴	ポ 포	ピョ 표	プ 푸	ピュ 퓨	プ 프	ピ 피
ㅎ	ハ 하	ヒャ 햐	ホ 허	ヒョ 혀	ホ 호	ヒョ 효	フ 후	ヒュ 휴	フ 흐	ヒ 히

濃音

	ㅏ	ㅑ	ㅓ	ㅕ	ㅗ	ㅛ	ㅜ	ㅠ	ㅡ	ㅣ
ㄲ	ッカ 까	ッキャ 꺄	ッコ 꺼	ッキョ 껴	ッコ 꼬	ッキョ 꾜	ック 꾸	ッキュ 뀨	ック 끄	ッキ 끼
ㄸ	ッタ 따	ッテャ 땨	ット 떠	ッテョ 뗘	ット 또	ッテョ 뚀	ットゥ 뚜	ッテュ 뜌	ットゥ 뜨	ッティ 띠
ㅃ	ッパ 빠	ッピャ 뺘	ッポ 뻐	ッピョ 뼈	ッポ 뽀	ッピョ 뾰	ップ 뿌	ッピュ 쀼	ップ 쁘	ッピ 삐
ㅆ	ッサ 싸	ッシャ 쌰	ッソ 써	ッショ 쎠	ッソ 쏘	ッショ 쑈	ッス 쑤	ッシュ 쓔	ッス 쓰	ッシ 씨
ㅉ	ッチャ 짜	ッチャ 쨔	ッチョ 쩌	ッチョ 쪄	ッチョ 쪼	ッチョ 쬬	ッチュ 쭈	ッチュ 쮸	ッチュ 쯔	ッチ 찌

合成母音

ㅐ	ㅒ	ㅔ	ㅖ	ㅘ	ㅙ	ㅚ	ㅝ	ㅞ	ㅟ	ㅢ
ケ 개	ケェ 걔	ケ 게	ケ 계	クヮ 과	クェ 괘	クェ 괴	クォ 궈	クェ 궤	クィ 귀	キ 긔
ネ 내	ニェ 냬	ネ 네	ニェ 녜	ヌァ 놔	ヌェ 놰	ヌェ 뇌	ヌォ 눠	ヌェ 눼	ヌィ 뉘	ニ 늬
テ 대	テェ 댸	テ 데	テ 뎨	トゥァ 돠	トゥェ 돼	トゥェ 되	トゥォ 둬	トゥェ 뒈	トゥィ 뒤	ティ 듸
レ 래	リェ 럐	レ 레	レ 례	ルァ 롸	ルェ 뢔	ルェ 뢰	ルォ 뤄	ルェ 뤠	ルィ 뤼	リ 릐
メ 매	ミェ 먜	メ 메	メ 몌	ムァ 뫄	ムェ 뫠	ムェ 뫼	ムォ 뭐	ムェ 뭬	ムィ 뮈	ミ 믜
ベ 배	ビェ 뱨	ベ 베	ベ 볘	プァ 봐	プェ 봬	プェ 뵈	プォ 붜	プェ 붸	プィ 뷔	ビ 븨
セ 새	シェ 섀	セ 세	シェ 셰	スァ 솨	スェ 쇄	スェ 쇠	スォ 숴	スェ 쉐	スィ 쉬	シ 싀
エ 애	イェ 얘	エ 에	イェ 예	ワ 와	ウェ 왜	ウェ 외	ウォ 워	ウェ 웨	ウィ 위	ウイ 의
チェ 재	チェ 쟤	チェ 제	チェ 졔	チュァ 좌	チュェ 좨	チュェ 죄	チュォ 줘	チュェ 줴	チュィ 쥐	チ 즤

チェ 채	チェ 챼	チェ 체	チェ 쳬	チュァ 촤	チュェ 쵀	チュェ 최	チュォ 춰	チュェ 췌	チュィ 취	チ 츼
ケ 캐	ケェ 컈	ケ 케	ケ 켸	クヮ 콰	クェ 쾌	クェ 쾨	クォ 쿼	クェ 퀘	クィ 퀴	キ 킈
テ 태	テェ 턔	テ 테	テ 톄	トゥァ 톼	トゥェ 퇘	トゥェ 퇴	トゥォ 퉈	トゥェ 퉤	トゥィ 튀	ティ 틔
ベ 패	ビェ 퍠	ベ 페	ベ 폐	プァ 퐈	プェ 퐤	プェ 푀	プォ 풔	プェ 풰	プィ 퓌	ビ 픠
ヘ 해	ヒェ 햬	ヘ 헤	ヘ 혜	ファ 화	フェ 홰	フェ 회	フォ 훠	フェ 훼	フィ 휘	ヒ 희

ッケ 깨	ッケェ 꺠	ッケ 께	ッケ 꼐	ックヮ 꽈	ックェ 꽤	ックェ 꾀	ックォ 꿔	ックェ 꿰	ックィ 뀌	ッキ 끠
ッテ 때	ッテェ 떄	ッテ 떼	ッテ 뗴	ットゥァ 똬	ットゥェ 뙈	ットゥェ 뙤	ットゥォ 뚸	ットゥェ 뛔	ットゥィ 뛰	ッティ 띄
ッベ 빼	ッビェ 뺴	ッベ 뻬	ッベ 뼤	ップァ 빠	ップェ 뽸	ップェ 뾔	ップォ 뿨	ップェ 쀄	ップィ 쀠	ッビ 쁴
ッセ 쌔	ッシェ 썌	ッセ 쎄	ッシェ 쎼	ッスァ 쏴	ッスェ 쐐	ッスェ 쐬	ッスォ 쒀	ッスェ 쒜	ッスィ 쒸	ッシ 씌
ッチェ 째	ッチェ 쨰	ッチェ 쩨	ッチェ 쪠	ッチュァ 쫘	ッチュェ 쫴	ッチュェ 쬐	ッチュォ 쭤	ッチュェ 쮀	ッチュィ 쮜	ッチ 쯰

0	ヨン/コン 영/공	20	イシプ 이십	40	サシプ 사십	60	ユクシプ 육십	80	パルシプ 팔십
1	イル 일	21	イシビル 이십일	41	サシビル 사십일	61	ユクシビル 육십일	81	パルシビル 팔십일
2	イ 이	22	イシビ 이십이	42	サシビ 사십이	62	ユクシビ 육십이	82	パルシビ 팔십이
3	サム 삼	23	イシプサム 이십삼	43	サシプサム 사십삼	63	ユクシプサム 육십삼	83	パルシプサム 팔십삼
4	サ 사	24	イシプサ 이십사	44	サシプサ 사십사	64	ユクシプサ 육십사	84	パルシプサ 팔십사
5	オ 오	25	イシボ 이십오	45	サシボ 사십오	65	ユクシボ 육십오	85	パルシボ 팔십오
6	ユク 육	26	イシュムニュク 이십육	46	サシムニュク 사십육	66	ユクシムニュク 육십육	86	パルシムニュク 팔십육
7	チル 칠	27	イシプチル 이십칠	47	サシプチル 사십칠	67	ユクシプチル 육십칠	87	パルシプチル 팔십칠
8	パル 팔	28	イシプパル 이십팔	48	サシプパル 사십팔	68	ユクシプパル 육십팔	88	パルシプパル 팔십팔
9	ク 구	29	イシプク 이십구	49	サシプク 사십구	69	ユクシプク 육십구	89	パルシプク 팔십구
10	シプ 십	30	サムシプ 삼십	50	オシプ 오십	70	チルシプ 칠십	90	クシプ 구십
11	シビル 십일	31	サムシビル 삼십일	51	オシビル 오십일	71	チルシビル 칠십일	91	クシビル 구십일
12	シビ 십이	32	サムシビ 삼십이	52	オシビ 오십이	72	チルシビ 칠십이	92	クシビ 구십이
13	シプサム 십삼	33	サムシプサム 삼십삼	53	オシプサム 오십삼	73	チルシプサム 칠십삼	93	クシプサム 구십삼
14	シプサ 십사	34	サムシプサ 삼십사	54	オシプサ 오십사	74	チルシプサ 칠십사	94	クシプサ 구십사
15	シボ 십오	35	サムシボ 삼십오	55	オシボ 오십오	75	チルシボ 칠십오	95	クシボ 구십오
16	シムニュク 십육	36	サムシムニュク 삼십육	56	オシムニュク 오십육	76	チルシムニュク 칠십육	96	クシムニュク 구십육
17	シプチル 십칠	37	サムシプチル 삼십칠	57	オシプチル 오십칠	77	チルシプチル 칠십칠	97	クシプチル 구십칠
18	シプパル 십팔	38	サムシプパル 삼십팔	58	オシプパル 오십팔	78	チルシプパル 칠십팔	98	クシプパル 구십팔
19	シプク 십구	39	サムシプク 삼십구	59	オシプク 오십구	79	チルシプク 칠십구	99	クシプク 구십구

百	ペク 백	千	チョン 천	万	マン 만

0	—	20	スムル 스물※	40	マフン 마흔	60	イェスン 예순	80	ヨドゥン 여든
1	ハナ 하나※	21	スムラナ 스물하나※	41	マフナナ 마흔하나※	61	イェスナナ 예순하나※	81	ヨドゥナナ 여든하나※
2	トゥル 둘※	22	スムルトゥル 스물둘※	42	マフントゥル 마흔둘※	62	イェスントゥル 예순둘※	82	ヨドゥントゥル 여든둘※
3	セッ 셋※	23	スムルセッ 스물셋※	43	マフンセッ 마흔셋※	63	イェスンセッ 예순셋※	83	ヨドゥンセッ 여든셋※
4	ネッ 넷※	24	スムルレッ 스물넷※	44	マフンネッ 마흔넷※	64	イェスンネッ 예순넷※	84	ヨドゥンネッ 여든넷※
5	タソッ 다섯	25	スムルタソッ 스물다섯	45	マフンダソッ 마흔다섯	65	イェスンダソッ 예순다섯	85	ヨドゥンダソッ 여든다섯
6	ヨソッ 여섯	26	スムルリョソッ 스물여섯	46	マフンニョソッ 마흔여섯	66	イェスンニョソッ 예순여섯	86	ヨドゥンニョソッ 여든여섯
7	イルゴプ 일곱	27	スムルリルゴプ 스물일곱	47	マフンニルゴプ 마흔일곱	67	イェスンニルゴプ 예순일곱	87	ヨドゥンニルゴプ 여든일곱
8	ヨドル 여덟	28	スムルリョドル 스물여덟	48	マフンニョドル 마흔여덟	68	イェスンニョドル 예순여덟	88	ヨドゥンニョドル 여든여덟
9	アホプ 아홉	29	スムラホプ 스물아홉	49	マフナホプ 마흔아홉	69	イェスナホプ 예순아홉	89	ヨドゥナホプ 여든아홉
10	ヨル 열	30	ソルン 서른	50	シュィン 쉰	70	イルン 일흔	90	アフン 아흔
11	ヨラナ 열하나※	31	ソルナナ 서른하나※	51	シュィナナ 쉰하나※	71	イルナナ 일흔하나※	91	アフナナ 아흔하나※
12	ヨルトゥル 열둘※	32	ソルントゥル 서른둘※	52	シュィントゥル 쉰둘※	72	イルントゥル 일흔둘※	92	アフントゥル 아흔둘※
13	ヨルセッ 열셋※	33	ソルンセッ 서른셋※	53	シュィンセッ 쉰셋※	73	イルンセッ 일흔셋※	93	アフンセッ 아흔셋※
14	ヨルレッ 열넷※	34	ソルンネッ 서른넷※	54	シュィンネッ 쉰넷※	74	イルンネッ 일흔넷※	94	アフンネッ 아흔넷※
15	ヨルタソッ 열다섯	35	ソルンダソッ 서른다섯	55	シュィンダソッ 쉰다섯	75	イルンダソッ 일흔다섯	95	アフンダソッ 아흔다섯
16	ヨルリョソッ 열여섯	36	ソルンニョソッ 서른여섯	56	シュィンニョソッ 쉰여섯	76	イルンニョソッ 일흔여섯	96	アフンニョソッ 아흔여섯
17	ヨルリルゴプ 열일곱	37	ソルンニルゴプ 서른일곱	57	シュィンニルゴプ 쉰일곱	77	イルンニルゴプ 일흔일곱	97	アフンニルゴプ 아흔일곱
18	ヨルリョドル 열여덟	38	ソルンニョドル 서른여덟	58	シュィンニョドル 쉰여덟	78	イルンニョドル 일흔여덟	98	アフンニョドル 아흔여덟
19	ヨラホプ 열아홉	39	ソルナホプ 서른아홉	59	シュィナホプ 쉰아홉	79	イルナホプ 일흔아홉	99	アフナホプ 아흔아홉

※のついている数詞は、直後に助数詞が続く場合には、一桁の部分が下記のように形が変わる点に注意しましょう。

ハナ　　ハン 하나 → 한	トゥル　トゥ 둘 → 두	セッ　　セ 셋 → 세	ネッ　　ネ 넷 → 네	スムル　スム 스물 → 스무

著者

山崎 玲美奈（やまざき　れみな）

東京外国語大学大学院博士前期課程修了（言語学）。早稲田大学、上智大学非常勤講師。主な著書に『はじめてのハングル能力検定試験3級』（アルク）、『キクタン韓国語会話【入門編】』（アルク）、『改訂版口が覚える韓国語 スピーキング体得トレーニング』（三修社）などがある。2019年度NHKラジオ「まいにちハングル講座」講師、2022～2023年度NHKテレビ「ハングルッ！ナビ」講師。

イラスト おおたきょうこ
ナレーション 野村富美江／林周禧
編集担当 梅津愛美（ナツメ出版企画株式会社）

本書に関するお問い合わせは、書名・発行日・該当ページを明記の上、下記のいずれかの方法にてお送りください。電話でのお問い合わせはお受けしておりません。
・ナツメ社webサイトの問い合わせフォーム
　https://www.natsume.co.jp/contact
・FAX（03-3291-1305）
・郵送（下記、ナツメ出版企画株式会社宛て）
なお、回答までに日にちをいただく場合があります。正誤のお問い合わせ以外の書籍内容に関する解説・個別の相談は行っておりません。あらかじめご了承ください。

音声DL版　オールカラー

超入門！ 書いて覚える韓国語ドリル

2024年1月5日　初版発行
2024年5月20日　第3刷発行

著　者　山崎 玲美奈　©Yamazaki Remina, 2024

発行者　田村正隆

発行所　株式会社ナツメ社
　　　　東京都千代田区神田神保町1-52
　　　　ナツメ社ビル1F（〒101-0051）
　　　　電話 03-3291-1257（代表）　FAX 03-3291-5761
　　　　振替 00130-1-58661

制　作　ナツメ出版企画株式会社
　　　　東京都千代田区神田神保町1-52
　　　　ナツメ社ビル3F（〒101-0051）
　　　　電話 03-3295-3921（代表）

印刷所　ラン印刷社

ナツメ社Webサイト
https://www.natsume.co.jp
書籍の最新情報（正誤情報を含む）はナツメ社Webサイトをご覧ください。